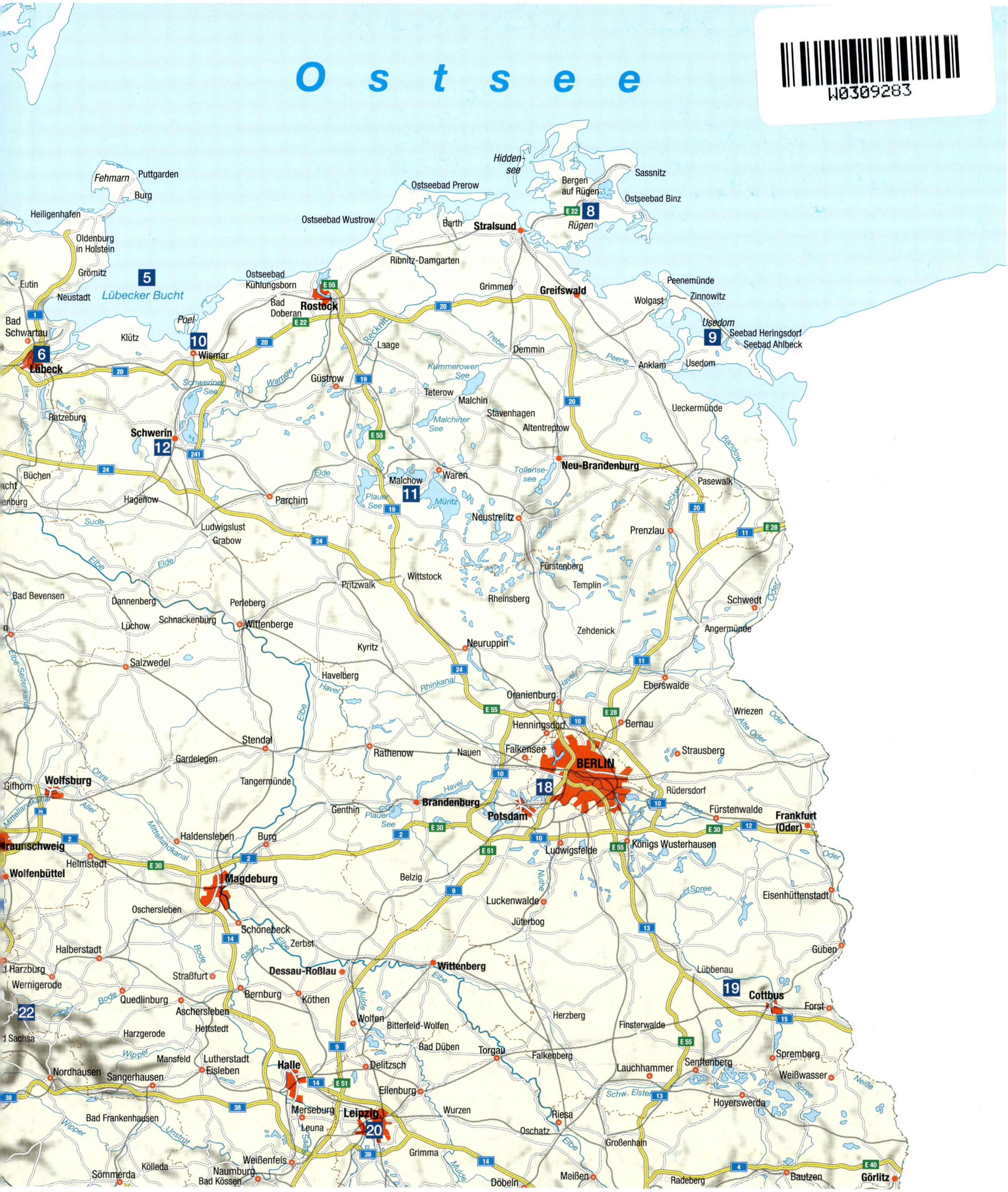
Ostsee
Fehmarn
Puttgarden
Burg
Heiligenhafen
Oldenburg in Holstein
Grömitz
Eutin
Neustadt
Lübecker Bucht
Bad Schwartau
Lübeck
Ratzeburg
Büchen
Hagenow
Klütz
Poel
Wismar
Schwerin
Schweriner See
Ostseebad Kühlungsborn
Bad Doberan
Rostock
Ostseebad Wustrow
Ostseebad Prerow
Barth
Stralsund
Ribnitz-Damgarten
Hiddensee
Bergen auf Rügen
Rügen
Sassnitz
Ostseebad Binz
Grimmen
Greifswald
Wolgast
Peenemünde
Zinnowitz
Usedom
Seebad Heringsdorf
Seebad Ahlbeck
Anklam
Demmin
Laage
Güstrow
Teterow
Malchin
Stavenhagen
Altentreptow
Kummerower See
Malchiner See
Ueckermünde
Neu-Brandenburg
Tollense-see
Pasewalk
Malchow
Waren
Müritz
Plauer See
Parchim
Neustrelitz
Prenzlau
Ludwigslust
Grabow
Elbe
Elde
Sude
Fürstenberg
Templin
Rheinsberg
Wittstock
Pritzwalk
Schwedt
Angermünde
Oder
Bad Bevensen
Dannenberg
Lüchow
Schnackenburg
Perleberg
Wittenberge
Zehdenick
Kyritz
Neuruppin
Salzwedel
Havelberg
Havel
Rhinkanal
Oranienburg
Eberswalde
Wriezen
Alte Oder
Hennigsdorf
Bernau
Stendal
Gardelegen
Rathenow
Nauen
Falkensee
BERLIN
Strausberg
Wolfsburg
Gifhorn
Ohre
Aller
Tangermünde
Genthin
Brandenburg
Potsdam
Rüdersdorf
Fürstenwalde
Frankfurt (Oder)
Spree
Braunschweig
Helmstedt
Haldensleben
Mittellandkanal
Burg
Ludwigsfelde
Königs Wusterhausen
Wolfenbüttel
Magdeburg
Belzig
Nuthe
Luckenwalde
Eisenhüttenstadt
Oschersleben
Schönebeck
Jüterbog
Zerbst
Halberstadt
Bode
Saale
Guben
Bad Harzburg
Wernigerode
Straßfurt
Dessau-Roßlau
Wittenberg
Lübbenau
Quedlinburg
Bernburg
Köthen
Cottbus
Forst
Aschersleben
Hettstedt
Mulde
Wolfen
Bitterfeld-Wolfen
Herzberg
Finsterwalde
Bad Sachsa
Harzgerode
Bad Düben
Torgau
Falkenberg
Spremberg
Wipper
Mansfeld
Lutherstadt Eisleben
Halle
Delitzsch
Lauchhammer
Senftenberg
Weißwasser
Nordhausen
Sangerhausen
Eilenburg
Neiße
Schw. Elster
Hoyerswerda
Bad Frankenhausen
Merseburg
Leipzig
Leuna
Wurzen
Riesa
Unstrut
Oschatz
Großenhain
Grimma
Weißenfels
Sömmerda
Kölleda
Naumburg
Bad Kösen
Döbeln
Meißen
Radeberg
Bautzen
Görlitz

Auf dem historischen Marktplatz in Kalkar am Niederrhein stehen vor dem Rathaus Parkplätze zur Verfügung.

Thomas Kliem

WOHNMOBIL-HIGHLIGHTS IN DEUTSCHLAND

Die 50 schönsten Ziele zwischen Ostsee und Alpen

BRUCKMANN

INHALT

Alpenpanorama am Bodensee

Zu den vielen sehenswerten Großstädten gehört auf jeden Fall Düsseldorf.

VORWORT

Deutschland boomt als Reiseland

Die Branche boomt und es werden so viele Reisemobile wie nie zuvor produziert, gekauft und zugelassen. Auch die Vermieter von Reisemobilen freuen sich über den großen Zuspruch. Dank kompakter Kastenwagen und Campingbusse wird auch die jüngere Generation angesprochen, da die Fahrzeuge eine große Alltagstauglichkeit aufweisen. Die Zahl der Besitzer von Reisemobilen ist hoch und ebenso die Zahl der Mietkunden. Für sie stellt sich vor einem Wochenende, vor dem anvisierten Kurzurlaub oder vor dem Haupturlaub stets die Frage nach der Destination. Vielfach ist das Reiseland Deutschland die erste Wahl.

Zahlreich sind die Stell- und Campingplätze

Dank der perfekten Infrastruktur für das Reisemobil lassen sich in Deutschland die vielen Ziele ohne große Reiseplanung ansteuern. Es gibt viele Campingplätze, und die Stellplätze erleben einen wahren Boom. Immer mehr Gemeinden richten einen Stellplatz ein und darüber hinaus wird der Service stetig verbessert. Es gibt keine Sprachprobleme und die Reisekosten halten sich in Grenzen. So trifft das Motto »Man muss nicht in die Ferne schweifen ...« für den nächsten Kurzurlaub zu. Gute Anregungen bei der Wahl der Reiseziele liefert sicherlich das vorliegende Buch.

Landschaftliche und urbane Vielseitigkeit

Das Spektrum der vorgestellten Ziele reicht von beliebten Ferieninseln wie Sylt, Rügen oder Usedom über das Wattenmeer, das Fördegewässer Schlei, den Spreewald, das Obere Mittelrheintal, den flachen Niederrhein, das Hochgebirge im Berchtesgadener Land, ausgedehnte Waldgebiete im Bayerischen Wald, den großen Bodensee bis hin zum Mittelgebirge des Harzes. Ebenfalls sehr breit gefächert ist die Vorstellung der Städte. Die deutsche Hauptstadt Berlin oder Millionenstädte wie Hamburg, München und Köln werden ebenso vorgestellt wie die reizvollen Städte Rothenburg ob der Tauber oder Füssen. Natürlich werden auch geschichtsträchtige Städte wie Dresden, Eisenach oder Weimar eingehend beschrieben. Auch weniger spektakuläre Städte wie Büsum oder Bremerhaven entpuppen sich schnell als schönes Ziel für Reisemobilisten.

Erholung und Entspannung

In den letzten Jahren haben immer mehr Thermal- und Schwimmbäder vor ihrer Tür Stellplätze eingerichtet. Was für den Wohnmobilisten mehr als bequem ist, bedeutet für die Betreiber eine zusätzliche Einnahmequelle. Aus beider Sicht ein Win-Win-Geschäft, denn wer liebt es nicht, nach einem entspannenden Besuch in einer Wellness-Oase oder in einem

Thermalbad nur wenige Schritte zum Wohnmobil zu gehen? Und das Beste: Einige Krankenkassen fördern auch die »Kur mit dem Wohnmobil«. Wie wäre es also mit einer Fahrt nach Bad Dürrheim, Bad Füssing, Bad Griesbach und Co.? Im Trend liegen auch Fahrten mit dem Wohnmobil zu Musicals, Weihnachtsmärkten oder Messen. So wird der Parkplatz der Messe »Caravan Salon« in Düsseldorf zum größten Stellplatz in Deutschland.

Wintercamping und Aktivitäten

Dank winterfester Reisemobile floriert das Wintercamping. Viele Campingplätze haben ihren Service an die gestiegene Nachfrage angepasst. So haben zahlreiche Campingplätze auch im Winter geöffnet – die Stellplätze stehen ohnehin immer bereit. Nach dem Motto »Raus aus dem Wohnmobil und rein in die Bindung« lohnt sich dank wintertauglicher Reisemobile und komfortabler Campingplätze der Urlaub in Wintersportgebieten. Wie wäre es mit einer Winterreise ins Berchtesgadener Land oder in den Schwarzwald? Auch mögliche Aktivitäten abseits der kalten Jahreszeit wie zum Beispiel Wandern, Radfahren oder Wassersportaktivitäten wie Kanuwandern kommen in diesem Buch nicht zu kurz.

Richtige Literatur an Bord

Natürlich kann dieses Buch die Stadt, die Reiseregion oder die Urlaubsinsel nur grob vorstellen und das Wesentliche beschreiben. Es soll Anregungen geben und liefert auch Vorschläge für die Übernachtung. Wer sich für ein Ziel aus diesem Buch entschieden hat, wird sicherlich die angegebenen Adressen der Tourismusverbände nutzen, um weiteres Informationsmaterial anzufordern oder sich im Internet weiter umschauen.

Natürlich sind auch detaillierte Reiseführer oder die Campingführer sehr hilfreich. So gehören der Bord-Atlas, der ADAC-Stellplatzführer Deutschland/Nordeuropa sowie der ACSI-Stellplatzführer Europa zur Pflichtliteratur. Eine informative Website ist unter anderem www.reisemobil-routen.de. In der Literatur von ADAC und ACSI ist eine Campingkarte enthalten, die in der Nebensaison erhebliche Vergünstigungen bietet.

Ich wünsche Ihnen eine erholsame und spannende Reise durch das vielseitige Reiseland Deutschland

Dr. Thomas Kliem
(www.thomas-kliem.de)

Das Reisen mit dem Wohnmobil macht in Deutschland großen Spaß, denn schließlich liegen viele Attraktionen direkt vor der Tür. Schmucke Städte warten darauf, entdeckt zu werden, etwa Deidesheim in der Pfalz (links). Mitnehmen sollte man stets das Fahrrad (rechts).

DIE ZIELE

Viele interessante Ziele in Deutschland kann man mit dem Wohnmobil hautnah entdecken. Wohnmobilisten können etwa am Rande des Landschaftsparks Duisburg-Nord parken (links). Auch das Lahntal (oben rechts) oder Leipzig (unten rechts) sind einen Besuch wert und bieten schöne Stellplätze.

1 SYLT

Urlaub auf der nördlichsten Insel

Die malerische Insel Sylt ist die größte deutsche Insel in der Nordsee und eine beliebte Ferieninsel. Einst zog es die High Society nach Sylt. Seit einiger Zeit ist es ruhiger geworden um die Inselprominenz. An den langen Stränden kann man sich bestens erholen, und mit dem Fahrrad erreicht man die kulturellen und landschaftlichen Highlights. Naturnah, komfortabel und erschwinglich präsentieren sich die Campingplätze.

»Ich hab' solche Sehnsucht..., ich will wieder an die Nordsee, ich will zurück nach Westerland«, sangen schwungvoll »Die Ärzte«. Wer ebenfalls die Sehnsucht verspürt und die nördlichste deutsche Insel besuchen möchte, wird einen sehr erholsamen Urlaub verbringen. Am besten mit Wohnmobil und Fahrrad!

DIE INSEL IM ÜBERBLICK

Sylt hat eine Fläche von 99 Quadratkilometern und eine Länge von 38,5 Kilometern. Die Breite variiert zwischen 350 und 12600 Metern. Der Umfang beträgt 107 Kilometer. Die lang gezogene Insel wurde vor rund 8000 Jahren vom Festland abgetrennt und ist heute noch in »Bewegung«, denn Sturmfluten wie im Dezember 2013 durch den Orkan »Xaver« tragen immer wieder den Strand und Teile der Dünen ab. Dann können die Wellen des »Blanken Hans«, wie die Nordsee volkstümlich genannt wird, eine Höhe von sechs Metern erreichen. Auf Sylt leben rund 14000 Menschen, doch in der touristischen Hochsaison vervielfacht sich die Zahl der Menschen. Alljährlich zieht es rund 850000 Besucher auf die Insel. Nahezu 60000 Gästebetten und immerhin sieben Campingplätze mit 1700 Stellplätzen verteilen sich über die Insel. Im Sommer sind dann die 12000 Strandkörbe

Der südlichste Inselort Hörnum lockt im Osten mit einem breiten Sandstrand und dem Hafen.

Im Herzen von Westerland steht der »Alte Kursaal« (links). Vom Hörnumer Oststrand sind es nur wenige Schritte zum Leuchtturm (rechts).

nahezu ausgebucht. Neben den Stränden bestimmen Dünen, Heide, Weidegebiete und kleine Wälder das Landschaftsbild. Eine landschaftliche Besonderheit sind die beiden Wanderdünen im Norden der Insel und die Kliffs. Die Brandung hat steile Kliffs aus dem Inselkern herausgespült. Das schönste Kliff ist das fünf Kilometer lange und bis zu 30 Meter hohe Rote Kliff zwischen Kampen und Wenningstedt. Die höchste Erhebung stellt die Uwe-Düne mit 52 Metern dar.

ANREISE NACH SYLT

Wie kommt man auf die Insel? Diese Frage muss sich der Reisemobilist stellen, denn selbstständig kann man die Insel nicht anfahren. Bahn oder Fähre? Am 1. Juni 1927 wurde der Hindenburgdamm eröffnet. Er verbindet die Insel mit dem Festland. Auf dem Damm wurde eine Eisenbahntrasse angelegt, sodass es heute mit dem Autozug von Niebüll auf die Insel geht. Am Terminal in Niebüll fahren die roten Züge alle 30 bis 90 Minuten los. Nach Aufforderung fährt man mit dem Reisemobil auf den Autozug, den sogenannten Sylt Shuttle und wird verzurrt. Dann folgen sehr erholsame 35 Minuten während der 39 Kilometer langen Fahrt. Man fährt, ohne selbst zu fahren, trinkt einen Kaffee und blickt über das Wattenmeer! Rund 900 000 Fahrzeuge werden jährlich von der Deutschen Bahn befördert. Gleichermaßen erholsam und um einiges günstiger ist die 40-minütige Fahrt mit der Fähre von der dänischen Insel Rømø zum nördlichen Sylter Küstenort List.

HAUPTORT WESTERLAND

In Westerland fährt das Wohnmobil vom Autozug. Es ist das lebendigste Örtchen auf der Insel und bietet unter anderem viele Geschäfte und Gastronomie, ein Casino, eine Promenade und mit der Sylter Welle ein Bad mit Wellness. Etwas reizvoller präsentiert sich Westerland in dem älteren Teil mit einigen schönen Backsteinhäusern. Weitaus schöner ist List mit Fischerhafen, Fischrestaurants und der Tonnenhalle. In Kampen reihen sich edle Boutiquen aneinander. Ein nettes Örtchen ist neben Hörnum im Süden das Dorf Keitum im Osten der Insel. Ein netter Dorfkern mit historischer Kirche und Museen prägt das freundliche Keitum.

KULINARISCHES SYLT

Das gastronomische Angebot auf Sylt ist bestens. Über das Wattenmeer hinaus ist das Ausflugslokal Sansibar bekannt. Es hat eine besondere Lage in den Dünen und genießt Kultstatus. Weitaus unspektakulärer geht es in den vielen anderen Teestuben und Restaurants zu. Probieren sollte man auf jeden Fall die schmackhaften Fischgerichte und Gerichte mit Meeresfrüchten. Die Zutaten dafür liegen direkt vor der Haustür. Vor Sylt befindet sich die einzige deutsche Austernzucht. Rund eine Million Austern werden alljährlich geerntet und unter dem Label »Sylter Royal« exportiert. Wer es etwas einfacher haben möchte, wird sich sicherlich ein Fischbrötchen gönnen. Ein nährender Snack auf jeder Radtour! Ein besonderes kulinarisches Event ist das Winzerfest, das alljährlich im Juli auf der Promenade in Westerland stattfindet.

ERHOLSAM ODER AKTIV

Erholsam geht es an den Stränden zu. 1750 Sonnenstunden pro Jahr weist die Statistik auf und an heißen Sommertagen gibt es auf der Insel kein schöneres Fleckchen. Unvorstellbar, dass die vielen Sonnenanbeter sich dann auf der gleichen Breitenlage wie die Südspitze Alaskas befinden. Auch wenn die breiten Strände locken und durch stetige Westwinde die auflaufenden Wellen zu einem erfrischenden Bad einladen, bietet Sylt weit mehr als das Relaxen am Strand.

Wer also zeitweise seinen Strandkorb verlässt oder seine Strandmuschel nicht aufstellt, sollte das Fahrrad vom Heckträger seines Reisemobiles nehmen und die Inselerkundung strampelnd durchführen. Zahlreich sind die Radwege, die vielfach abseits der Straßen verlaufen. Rund 200 Kilometer Radwege stehen bereit, unter denen die Strecken von Westerland nach List und nach Hörnum sehr beliebt sind. Da die Busse mit Fahrradträger ausgestattet sind, kann man bei zunehmendem Wind die Rückfahrt mit dem Inselbus antreten.

Neben Surfen, Kitesurfen, Golfen, Reiten und Strandspaziergängen bieten sich auch Wanderungen an. So kann man die einzigartige Dünenlandschaft entdecken. Diese besondere Landschaft nimmt rund

Gut speisen kann man an vielen Orten, zum Beispiel bei Gosch (links). Der Wenningstedt-Braderup Campingplatz befindet sich direkt hinter den Dünen (rechts).

ein Drittel der Inselfläche ein und steht unter Naturschutz. 40 Kilometer lange Bohlenwege und Kiespfade ermöglichen einen kontrollierten Zugang zu dieser sensiblen Landschaft, die bei heftigen Sturmfluten dem Blanken Hans fast schutzlos ausgesetzt ist.

UNBEDINGT SEHENSWERT

Wenn der Himmel grau ist und die Temperaturen niedrig sind, stehen die Sehenswürdigkeiten hoch im Kurs. Eine der jüngsten Attraktionen ist das Erlebniszentrum Naturgewalten im nördlichen List. Hier dreht sich alles um die »Kräfte der Nordsee« und das »Leben mit Naturgewalten«. Zu bestaunen ist außerdem die Tierwelt der Nordsee. Thematisch widmet sich das Sylt-Aquarium in Westerland sowohl der Fauna der Nordsee als auch den tropischen Meeren. Für Museumsfreunde empfehlen sich das Feuerwehr- und das Heimatmuseum, die sich beide in Keitum befinden. Sehenswert ist der Denghoog, eines der größten Megalithgräber in Nordeuropa. Einen Blick sollte man auch in die alten Kirchen werfen wie die Keitumer St.-Severin-Kirche, die Kirche St. Martin in Morsum oder die Dorfkirche St. Niels in Westerland. Nicht versäumen sollte man einen lehrreichen Besuch des Nationalparks. Sylt liegt inmitten des »Nationalparks Schleswig-Holsteinisches Wattenmeer«, das auch in die UNESCO-Weltnaturerbeliste aufgenommen wurde. In dieser weltweit einzigartigen Landschaft werden Führungen angeboten. Dann erfährt man einiges über die Brut- und Rastplätze der Vögel, die Salzwiesen und den Wattwurm. Bei einer Wanderung durch das Wattenmeer entdeckt man die ruhigste Seite der sonst lebendigen Ferieninsel.

Auch am Abend lohnen sich Strandspaziergänge.

INFOS & ADRESSEN

STELLPLATZ: Stellplätze sind eine Rarität auf der Insel. Neben dem Campingplatz Hörnum bietet auch der Campingplatz »Dünen-Camping Sylt« einen separaten Stellplatz vor dem Campinggelände an: Rantumer Straße, 25980 Sylt OT Rantum, Tel. 04561/86 46 01, www.campingplatz-westerland.de, GPS 54°53'37"N, 8°17'52"E.

CAMPINGPLATZ: Campingplätze findet der Reisemobilist in den Orten Kampen, Tinnum, Morsum, Rantum, Hörnum und Westerland. Ein sehr schöner Campingplatz ist der »Wenningstedt-Braderup Campingplatz«. Er liegt hinter den Dünen und bietet ebene Rasenplätze. Über Holzstege geht es durch die Dünen zum Strand: Osetal 3, 25996 Wenningstedt-Braderup, Tel. 04651/94 40 04, www.campingplatz.wenningstedt.de, GPS 54°56'34"N, 8°19'37"E.

INFOS: Sylt Marketing GmbH, Stephanstr. 6, 25980 Westerland/Sylt, Tel. 04651/820 20, www.sylt.de

TIPP: Lohnenswert ist die Leuchtturmbesichtigung im südlichen Hörnum. Der 33 Meter hohe und typisch rot-weiß gestreifte Leuchtturm bietet einen tollen Ausblick bis zu den Inseln Amrum und Föhr. Führungen können in der Touristeninfo in Hörnum gebucht werden (Tel. 04651/962 60, www.hoernum.de).

2 FLENSBURG

Gleich vier Markenzeichen

Gleich vier Dinge sind weit über die Stadtgrenzen Flensburgs hinaus bekannt: die Verkehrssünderkartei, ein schmackhaftes Bier mit »Ploppverschluss«, Beate Uhses erstes Kaufhaus für »Ehehygiene« und schließlich der Superlativ, die nördlichste Stadt Deutschlands zu sein.

Nur einen Steinwurf von der deutsch-dänischen Grenze entfernt erstreckt sich am westlichen Ende der Flensburger Förde die schöne Hafenstadt. Rund 85 000 Menschen fühlen sich hier im Norden Schleswig-Holsteins sehr wohl. Der Reisemobilist sollte viel Zeit für das nette Städtchen einplanen, denn es bietet einige Attraktionen. Flensburg ist umgeben von bewaldeten Hügelketten, bietet mit der Förde ein attraktives Gewässer und lockt mit einer sehenswerten Altstadt.

RUND UM DIE FLENSBURGER FÖRDE

Kulturinteressierte zieht es hinauf den Museumsberg, denn hier informieren zwei Museumsbauwerke über die Kunst- und Kulturgeschichte von Schleswig-Holstein. Vom Museumsberg hat man den besten Blick über die Altstadt und von der südlichen Promenade auf die Altstadt. Rund um diesen äußersten Winkel der Förde hat die Stadt in den letzten Jahren ihr Bild verändert, denn auch in Flensburg hat der Trend Wohnen, Arbeiten, Entertainment und Gastronomie direkt am Wasser Einzug gehalten.

Flensburg blickt auf eine lange Geschichte zurück und erhielt im Jahr 1284 die Stadtrechte. Es war einst in dänischem Besitz und sogar eine größere Stadt als Hamburg oder Kopenhagen. Mitte des 14. Jahrhunderts wurde die mächtige Stadtmauer errichtet, zu dieser Zeit verfügte Flensburg über eine der wichtigsten Handelsflotten in Europa. Heute ver-

Die evangelische Kirche St. Jürgen thront über dem Fischereihafen am Flensburger Ostufer.

sprüht Flensburg im Herzen der Stadt eher provinzielles Flair. Restaurierte Handelshöfe und Patrizierhäuser, der beliebte Nordermarkt, die kleine Backsteinkirche St. Marien, die spätromanische Kirche St. Johannis oder die gotische Heiliggeistkirche sind die Aushängeschilder der Altstadt.

MUSS MAN GESEHEN HABEN

Es sind nur wenige Schritte zum Wasser und zum tollen Schifffahrtsmuseum. An der Schiffbrücke haben historische Schiffe wie das Dampfschiff »Alexandra« von 1908 festgemacht. In den Ausstellungsräumen kann man viele nautische Exponate bestaunen. Staunen kann man auch in Deutschlands einzigem Rum-Museum. Einen klaren Kopf sollte man in Deutschlands nördlichster Wellness-Oase, der Fördeland Therme, behalten. Stets stressfrei schlendert man durch die Altstadt! Gepflegte Straßen wie Norderstraße, Große Straße, Holm und Rote Straße locken mit netten Läden. An der Roten Straße, dem Schmuckkästchen Flensburgs, zweigen einige Höfe ab. Hier wird es eng und gemütlich, und Galerien, Gaststuben und Werkstätten sorgen für Kurzweile. Mit oder ohne gefüllte Einkaufstaschen geht es dann zurück zum Stellplatz, der sich am Industriehafen direkt am Ufer befindet. Abends sollte man dann wieder in das Zentrum schlendern und die Stimmung in den netten Kneipen genießen. Ausgeschenkt wird hier natürlich auch süffiges Flensburger Pilsener. »Plopp« und Prost!

Nach dem Flanieren locken die Straßencafés, zum Beispiel an dem idyllischen Nordermarkt (oben). Alternativ kann man es sich wunderbar an der Hafenspitze gemütlich machen (unten). Das Dampfschiff »Alexandra« gilt als eines der Wahrzeichen Flensburgs (rechts).

INFOS & ADRESSEN

STELLPLATZ: Der »Reisemobilplatz Flensburg« liegt am Industriehafen, am östlichen Ufer der Flensburger Förde und ist ganzjährig geöffnet. Zur Altstadt sind es rund zwei Kilometer: Kielseng, 24937 Flensburg, GPS 54°48'17"N, 9°26'37"E.

CAMPINGPLATZ: Wenige Kilometer südlich von Flensburg liegt der »Campingplatz Jarplund« im Grünen. Von dem einfachen Campingplatz ist man schnell mit dem Rad in Flensburg: Europastr. 80, 24976 Handewitt OT Jarplund, Tel. 0461/97 90 24, www.campingplatz-jarplund.de, GPS 54°44'40"N, 9°26'15"E. Weitere Campingplätze liegen an der Flensburger Förde östlich von Flensburg.

INFOS: Tourismus Agentur Flensburger Förde GmbH, Nikolaistr. 8, 24937 Flensburg, Tel. 0461/909 09 20, www.flensburger-foerde.de

TIPP: Das nostalgische Dampfpassagierschiff »Alexandra« lief 1908 vom Stapel und ist das älteste in Betrieb befindliche Dampfschiff Deutschlands. Ein besonderes Erlebnis ist ein Ausflug mit der »Alex« (www.dampfer-alexandra.de)!

3 BÜSUM MIT HELGOLAND

Tor zum Weltnaturerbe Wattenmeer

Ein beliebter Ferienort ist das Nordseeheilbad Büsum, das direkt am Wattenmeer in der Region Dithmarschen liegt. Hier schnuppert man gesunde Seeluft, unternimmt Wattwanderungen oder Ausflüge mit dem Rad. Zu den Highlights gehört auch eine Bootstour auf die Insel Helgoland.

Büsum hat eine lange Tradition im Fremdenverkehr, denn bereits 1818 erfreuten sich hier die ersten Gäste an der guten Seeluft. Seit 1837 ist der Küstenort schon ein anerkanntes Heilbad. Neben dem Fremdenverkehr ist die Fischerei von Bedeutung, und so verfügt Büsum über den zweitgrößten Hafen an der schleswig-holsteinischen Westküste. Hier legen Passagierschiffe, Sportboote und Kutter an. Sie können sich an dem rund 24 Meter hohen Leuchtturm gut orientieren. Die Fischer bringen Fische und Meerestiere mit, die man direkt am Kutter kaufen kann. Probieren sollte man die schmackhaften Büsumer Krabben.

FÜR AKTIVE UND ERHOLUNGSSUCHENDE

In der Hochsaison sind die vielen gastronomischen Betriebe gut besucht, Urlauber schlendern über den Deich und blicken auf das Wattenmeer, das als Nationalpark Wattenmeer besonderen Schutz genießt. Auch die vielen Sehenswürdigkeiten wie das »Museum am Meer«, das Experimentiermuseum Phänomania oder die Outdoor Kart-Bahn erfreuen sich großer Beliebtheit. Eine neue Attraktion ist die Familienlagune Perlebucht. Hier kann man unabhängig von den Gezeiten baden. Wer es etwas aktiver wünscht, kann Beachvolleyball spielen, kitesurfen, stehpaddeln oder Tretboot fahren. Spielt das Wetter mal nicht mit, kann man im Erholungsbad »Piraten Meer« schwimmen oder in der Sauna relaxen.

AUSFLUG NACH HELGOLAND

Das Seebad ist ein idealer Ausgangspunkt, um einen Ausflug auf die einzige deutsche Hochseeinsel zu

An der Perlebucht gibt es nicht nur Strandkörbe am grünen Deich, sondern auch einen Sandstrand auf der Watt'n Insel.

Der Büsumer Campingplatz »Zur Perle« (links) liegt unmittelbar hinter dem grünen Deich, der zur Familienlagune Perlebucht gehört. Die Lange Anna befindet sich im Nordwesten der Nordseeinsel Helgoland (rechts).

unternehmen. Gleich zwei Reedereien befördern die Urlauber von Büsum aus nach Helgoland. Nach rund dreistündiger Überfahrt wird man im Hafen von Helgoland ausgebootet und hat dann einige Stunden für den Inselrundgang oder den zollfreien Einkauf zur Verfügung. Auf jeden Fall sollte man zur Nordspitze der rund ein Quadratkilometer großen Sandsteininsel gehen. Hierbei passiert man die Vogelfelsen mit Trottellummen und Basstölpeln und blickt auf den freistehenden Felsturm Lange Anna. Gut ist auch das gastronomische Angebot an den bekannten Hummerbuden, den ehemaligen Geräteschuppen der Fischer.

UNTERWEGS MIT DEM RAD

Wer nach Büsum reist, sollte unbedingt sein Fahrrad mitnehmen, denn rund um Büsum gibt es zahlreiche Radwege. Sehr schön ist eine Fahrt im Windschatten des Deichs zum mächtigen Eidersperrwerk. Dieses kolossale Bauwerk liegt an der Mündung der Eider und schützt vor den verheerenden Sturmfluten. Beeindruckt wird der Radfahrer das bereits 1973 eingeweihte Sperrwerk verlassen und einen Abstecher durch das grüne Inland unternehmen. Vorbei an Weiden und Rapsfeldern strampelt man durch die ebene und gemütliche Landschaft Dithmarschens.

INFOS & ADRESSEN

STELLPLATZ: Der große Stellplatz mit ebenen Schotterplätzen befindet sich in der Nähe des Büsumer Hafens und verfügt über ein Sanitärgebäude: Dr.-Martin-Bahr-Str. 5, 25761 Büsum, www.wohnmobiluebernachtungsplatz.de, GPS 54°7‘46“N, 8°52‘7“E.

CAMPINGPLATZ: Der empfehlenswerte Campingplatz »Zur Perle« ist mit fünf Sternen dekoriert. Er hat eine günstige Lage direkt am Meer, nördlich des Stadtzentrums und ist bestens ausgestattet. Zur guten Austattung gehören unter anderem moderne Sanitärgebäude und ein Restaurant. Auf dem Platz steht das Reisemobil auf ebenen Rasenflächen: Dithmarscher Str. 43, 25761 Büsum, Tel. 04843/601 37, www.campingplatz-zur-perle.de, GPS 54°08‘24“N, 8°50‘33“E.

INFOS: Tourimus Marketing Service Büsum GmbH, Neuer Weg 2, 25761 Büsum, Tel. 04834/9090, www.buesum.de

TIPP: Ein Muss ist eine geführte Wattwanderung. Mit erfahrenen Wattführern erfährt man viel Wissenswertes über die Flora und Fauna des »Nationalparks Wattenmeer« (www.buesum-fuehrungen.de).

Zwischen Schleswig und Kappeln erstreckt sich mit der Schlei ein herrliches Segelrevier.

4 SCHLEI

Einzigartiges Gewässer zwischen Schleswig und Ostsee

Zu den besonders idyllischen deutschen Ferienregionen gehört die Schlei. Die Ostseeförde stellt insbesondere für Reisemobilisten ein lohnenswertes Ziel dar. Malerische Orte, eine reizvolle Landschaft, hochrangige Attraktionen, geschützte Ostseestrände, eine Vielzahl an Aktivitäten, gute Camping- und Stellplätze und ein mäßiger Andrang sind Garanten für einen erlebnisreichen Urlaub an der Schlei.

Im Osten des nördlichsten Bundeslandes Schleswig-Holstein zeigt sich die Ostseeküste sehr variantenreich. Bekannte Förden wie die Kieler oder die Flensburger Förde erstrecken sich kilometerweit ins Inland. Ein ganz außergewöhnliches Gewässer ist die Schlei. Handelt es sich hierbei um einen Fluss, der in die Ostsee mündet, eine Förde oder sogar um einen Fjord? Letzteres kann man ausschließen, obwohl der Tourismusverband aus Marketinggründen das Gewässer klangvoll als »Ostseefjord Schlei« betitelt. Einen Fluss stellt die Schlei ebenso wenig dar, auch wenn sich das Gewässer auf einer Länge von rund 40 Kilometern wie ein Fluss durch das Land schlängelt, denn es fehlt die Quelle. Es bleibt also nur noch die Förde übrig.

Eiszeitliche Schmelzwässer ließen die Schlei entstehen. Sie ist die längste aller Ostseeförden und zugleich die schönste und facettenreichste. Zwischen der lebendigen und sehenswerten »Fördemetropole«, der einstigen Wikingersiedlung Schleswig und dem Fischerörtchen Maasholm nahe dem Mündungsgebiet an der Ostsee erstreckt sich ein sehr flaches und unterschiedlich breites Gewässer. Die Breite variiert von minimalen 135 Metern bis zu einer stolzen Breite von vier Kilometern. Die geschützte Schlei ist heute ein beliebtes Touristenziel mit ihrer reizvollen flachwelligen Landschaft, den malerischen Orten und der interessanten Geschichte.

Es waren unter anderem die Wikinger, die mit ihren flachen Schiffen die Schlei befuhren und mit

Haithabu einen der wichtigsten Handelsplätze errichteten. Heute sind im Fahrwasser der Wikinger zahlreiche Freizeitkapitäne unterwegs. Aber auch Campingtouristen stoßen auf ein ideales Urlaubsziel mit guten Campingplätzen, einigen direkt an der Schlei befindlichen Wohnmobil-Stellplätzen und zahlreichen Attraktionen, einem guten Angebot an Urlaubsaktivitäten und einer bunten Mischung an attraktiven Orten. Sehr gegensätzlich präsentieren sich Arnis und Schleswig.

ARNIS – KLEINSTE DEUTSCHE STADT

In den Städten an der Schlei kommt keine Hektik auf. Allen voran die Stadt Arnis mit ihren knapp 400 Einwohnern. Stadt? Der kleine idyllische Ort Arnis ist die kleinste Stadt Deutschlands. In diesem »Reihendorf« reihen sich wie an einer Perlenkette malerische Häuser mit schönen, fast konkurrierenden Häuserfronten und netten Gärten aneinander. Zu den historischen Bauwerken gehören die Schifferkirche und das Haus in der Lange Straße mit der Nummer 12, das 1712 erbaut wurde. Im winzigen Zentrum von Arnis schlendert man über altes Kopfsteinpflaster, ehe man an der Fähre steht und den passierenden Wassersportlern zuwinkt. Wassersport spielt in Arnis eine große Rolle, was man unschwer an den Jachthäfen und Werften erkennen kann. In der Nähe der Fähre befindet sich das bekannte Lokal Schleiperle, ein schmuckes blaues Holzhaus auf Stelzen. Hier trinkt man seinen Kaffee und hat alles im Blick. Bei sommerlichen Temperaturen sollte man in Arnis in der kleinen Badebucht sein Strandlaken ausbreiten. Arnis verfügt am Hafen der Wassersportgemeinschaft (WSG) auch über einen Stellplatz.

SCHLEIMETROPOLE SCHLESWIG

Völlig gegensätzlich zur »Stadt« Arnis präsentiert sich Schleswig am südwestlichen Ende der Schlei. Man sollte sich für die interessante Stadt viel Zeit nehmen. Glücklicherweise bietet Schleswig direkt am

Mit kulinarischen Genüssen lockt die »Schleiperle« (links), von der Terrasse blickt der Gast auf die passierenden Wassersportler. Nicht versäumen sollte man auch den Besuch des Schleswiger Stadtviertels Holm (rechts).

Hafen einen tollen und modernen Stellplatz, der jedoch in der Hochsaison schnell an seine Grenzen stößt. Vom Stellplatz sind es nur wenige Schritte zur schönen Altstadt.

Wenn man sich Schleswig nähert, fällt der Blick unweigerlich auf das rund 100 Meter hohe Hochhaus »Wikingturm« und später auf das wuchtige weiße Schloss Gottorf. Auf dem Parkplatz finden auch große Wohnmobile problemlos einen Stellplatz. Dann tritt man mit großer Neugierde und einem flauen Gefühl im Bauch den Museumsbesuch an, denn hier gehören die Moorleiche von Windeby und das weniger schaurige Nydam-Schiff aus dem vierten Jahrhundert zu den Touristenmagneten. Im 17. Jahrhundert war das Schloss ein bedeutendes Zentrum für Kunst und Kultur im Norden Europas und ist heute ein wichtiges Landesmuseum für Archäologie, Kunst- und Kulturgeschichte. Dementsprechend lassen sich unzählige Exponate bestaunen. Von der Reizüberflutung kann man sich am besten in dem herrlichen Fürstengarten erholen oder man schlendert über die schöne Promenade. In der netten Altstadt, im Schatten des hoch aufragenden und besuchenswerten St.-Petri-Doms, bietet sich eine Pause im Café oder Restaurant an.

Danach geht es direkt zur nächsten Attraktion, der alten Fischersiedlung Holm, die man nach wenigen Minuten zu Fuß erreicht. »Holm« bedeutet im Skandinavischen »Insel« und erinnert daran, dass die Siedlung bis 1933 noch vom Wasser umspült wurde. Altes Kopfsteinpflaster, makellose Häuser mit den zweigeteilten Türen, den »Klöndören«, und prächtige Rosen prägen das Bild dieser einzigartigen Siedlung, in deren Mitte sich der lindenumsäumte Friedhof mit der kleinen Kapelle befindet. »Leben und Sterben« sind hier räumlich so eng miteinander verknüpft wie kaum irgendwo anders. Wer auf einer Bank Platz genommen hat und die Stille genießt, kann sich vorstellen, wie sich die Bewohner aus der Tür lehnten und sich die Zeit beim »Klönschnack« vertrieben. Heute leben nur noch wenige Holmer vom Fischfang.

RELIKTE DER WIKINGER

Schleswig kann neben dem Schloss Gottorf mit einer weiteren hochrangigen Attraktion aufwarten. Es ist

Zu den Hauptattraktionen der Stadt Schleswig gehört das imposante Schloss Gottorf (links). Wenige Kilometer ist das Wikinger Museum Haithabu entfernt (rechts)

Der Fischfang spielt an der Schlei meist eine untergeordnete Rolle (links). Eine Touristenattraktion ist das Haithabu-Museum nahe Schleswig (rechts).

das lebendige Wikinger Museum Haithabu, das über die Landesgrenzen hinaus bekannt ist. Hier fühlt sich der Besucher in die raue Zeit der Wikinger zurückversetzt und ist unter anderem begeistert von dem rund 30 Meter langen Wikingerschiff, das 1953 im Schlick entdeckt wurde. Dieses informative archäologische Museum lässt keine Frage zum Leben der Wikinger offen und erzählt von einer Siedlung, die zu den größten der Wikinger zählte. Nachgebaut wurde eine kleine Wikingersiedlung, die Aufschluss über das einstige Leben der Wikinger gibt. Rund um Haithabu ist heute noch der einst schützende Wall zu erkennen. Er war Teil der großen Verteidigungsanlage Danewerk, die teilweise bereits im siebten Jahrhundert von den Dänen als Grenzwall errichtet wurde. Heute sind noch rund 20 Kilometer Wallanlagen und Mauerreste vorhanden. Mehr Informationen über das größte archäologische Denkmal Nordeuropas liefert das »Danevirke Museum« im nahe gelegenen Dannewerk. Nach Überfällen und Zerstörungen verließen die Bewohner im Jahr 1066 die Stadt Haithabu und ließen sich wenige Kilometer nördlich in dem heutigen Schleswig nieder. Vom Hafen in Schleswig kann man auch mit dem kleinen Fährschiff zum Wikinger Museum fahren.

LEBENDIGES KAPPELN

Vereinzelt hat die Fischerei an der Schlei noch einen hohen Stellenwert, was dem Besucher insbesondere in Kappeln nicht verborgen bleibt. So spaziert man auf der Hafenpromenade an zahlreichen Fischlokalen vorbei und sollte sich mindestens ein Fischbrötchen gönnen. Abseits der Uferstraße befindet sich der Fischverkauf und der Imbiss von Aal Föh, die in der Region für schmackhafte Produkte bekannt sind. Wenn die Ausflugsschiffe abgelegt haben, fällt der Blick auf die letzten funktionstüchtigen Heringszäune in Europa. Hier gehen die Heringe ins Netz, die später auf den Tellern der Gäste landen. Um Christi Himmelfahrt finden die Heringstage statt, dann dreht sich alles um den silbernen Fisch.

Beim Stadtrundgang wird selbst dem Erstbesucher die Stadt irgendwie bekannt vorkommen und damit liegt er absolut richtig. Denn die frühere ZDF-Serie »Der Landarzt« spielte in Kappeln bzw. in dem fiktiven Ort »Deekelsen«. Das Arzthaus ist der Lindauhof im nahen Lindaunis, am Lindauer Noor. Dieses schmucke Bauwerk beherbergt heute ein nettes Café. Das Restaurant Aurora in Kappeln war nicht nur im Fernsehen ein beliebter Treffpunkt.

Im Dorf Lindau können Gäste in der alten Mühle übernachten (links). In den nächsten Jahren soll die Schleibrücke bei Lindaunis aus dem Jahr 1927 einem Neubau weichen (rechts).

AUF ZU NEUEN UFERN

In Kappeln bereitet es dem Reisenden keine Probleme auf die gegenüberliegende Uferseite zu gelangen. Man fährt bequem über die große Klappbrücke. Es sei denn, sie wird für eine Armada von nahenden Schiffen geöffnet, dann staut sich der Verkehr. Wesentlich aufwendiger ist eine Überquerung der Schlei in Arnis und Missunde, denn dann ist man auf die kleine Fähre angewiesen. Ein besonderes Bauwerk aus Stahl ist die schmale Eisenbahnbrücke Lindaunis, die bereits 1927 erbaut wurde und die Regionen Schwansen und Angeln verbindet. Reckt sich die eiserne Brücke in die Höhe, dann erlaubt sie den Booten, die Enge zu passieren. Ansonsten regelt eine Ampelanlage, aus welcher Richtung die Eisenbahn oder die Kraftfahrzeuge die Brücke passieren dürfen.

Es lohnt sich, öfter das Ufer zu wechseln, denn je nach Lust und Laune zieht es den Reisenden mal zu einem kleinen Badestrand oder zu einem Spaziergang in verträumte Schleiörtchen wie Sieseby. Gepflegte Gastronomie und schöne reetgedeckte Häuser hinter dem Schilfgürtel kennzeichnen die unvergleichliche Idylle. So mancher gestresste Stadtbewohner würde hier liebend gerne einen Kaufvertrag unterschreiben. Oder wie wäre es mit Maasholm? Hier wohnt man nur wenige Kilometer von der Ostsee entfernt. Und wer nicht sofort dorthin ziehen will, kann sein Reisemobil auf dem empfehlenswerten Stellplatz parken und die Umgebung intensiv erkunden. In dem Fischerörtchen streift man historische Fachwerkhäuser und beobachtet am Hafen die Fischer und Wassersportler. Wenige Kilometer östlich erreichen die Schiffe dann die befestigte Schleimündung und die Ostsee. Nehrungen verengen hier die Einfahrt in die Schleiförde.

UNTERWEGS MIT RAD ODER BOOT

Wenn man mit dem Wohnmobil in Deutschland unterwegs ist, ist die Mitnahme des Fahrrads immer zu empfehlen. Gerade rund um die Schlei sollte man in die Pedale treten und aktiv die idyllische Landschaft entdecken. Bestens ist man auf der Radwanderroute

»Wikinger-Friesen-Weg« unterwegs. Diese lohnenswerte Strecke verbindet Maasholm mit St. Peter Ording, also die Ostsee mit der Nordsee. Wer es nicht übertreiben möchte, kann natürlich kleinere Etappen nördlich oder südlich der Schlei wählen. Dem Radfahrer bläst hier der frische Wind um die Nase und der Ausblick auf die Schlei über die flachwellige Landschaft mit den strahlenden Rapsfeldern macht Spaß, genauso wie ein Picknick am Ufer.

Der Blick auf die vielen passierenden Segelboote weckt das Interesse für den Wassersport. Die Schlei ist ein ideales Revier für Freizeitkapitäne. Zahlreich sind die Häfen, in denen Segelboote unterschiedlicher Größe an- und ablegen oder Motorboote zu Ausflügen auslaufen. Wer die Schlei von einer anderen Seite entdecken möchte, kann sich ein Ruderboot, ein Kanu, ein Motor- oder Segelboot mieten. Aber auch Wanderer finden eine große Anzahl landschaftlich reizvoller Wanderwege vor.

Natürlich kann man es auch ruhiger angehen lassen. Viele Plätze an der Schlei laden zu einer Rast oder gar zum Baden ein, und wer lieber in die Fluten der Ostsee springen möchte, fährt mit dem Reisemobil oder dem Fahrrad nur wenige Kilometer und kann sein Strandlaken an den Stränden ausbreiten. Nur wenige Kilometer sind es bis zum Ostseebad Eckernförde an der gleichnamigen Eckernförder Förde oder zum etwa eine halbe Stunde nördlich liegenden Ostseebad Damp, an dem die Kurgäste das milde Reizklima und den schönen Strand schätzen.

Im Zentrum Maasholms laden zahlreiche Restaurants und Cafés zur Einkehr ein (rechts).Ausgehend von Maasholm führt der »Wikinger-Friesen-Weg« (links) nach St. Peter Ording.

INFOS & ADRESSEN

STELLPLATZ: Der Reisemobilist findet in Arnis/Grödersby, Brodersby, Güby, Kappeln und Maasholm Stellplätze vor. Hervorzuheben ist der »Wohnmobilhafen« in Schleswig, direkt an der Marina: Am Hafen 5, 24837 Schleswig, Tel. 04621/80 14 50, www.wohnmobilplatz-schleswig.de, GPS 54°30'43"N, 9°34'05"E.

CAMPINGPLATZ: Rund um die Schlei und an der Ostsee laden zahlreiche gepflegte und naturnahe Campingplätze zum Aufenthalt ein (www.camping-schleswig-holstein.de). Zu den empfehlenswerten Plätzen gehört »Camping Haithabu« in Haddeby (Haithabu), der am Ufer der Schlei liegt. Nach wenigen Minuten erreicht man von dort das sehenswerte Wikinger Museum: Wikinger Campingplatz Haithabu, Haddebyer Chaussee 15, 24866 Busdorf/Haddeby, Tel. 04621/324 50, www.campingplatz-haithabu.de, GPS 54°30'68"N, 9°34'14"E.

INFOS: Schlei Ostsee GmbH, Plessenstr. 7, 24837 Schleswig, Tel. 04621/885 00 56, www.ostseefjordschlei.de

TIPP: Fahren Sie mit dem Ausflugsschiff zum Restaurant Giftbude. An der Schleimünde kann man bestens speisen und hat einen herrlichen Blick über die Schlei und die Ostsee.

5 LÜBECKER BUCHT

Zwischen Travemünde und Fehmarn

Die Lübecker Bucht ist ein wahres Urlaubsparadies für Reisemobilisten, denn viele Stell- und Campingplätze in der Nähe der Ostsee sowie erholsame Ostseebäder mit feinstem Sandstrand sind der Garant für einen kurzweiligen Ostsee-Urlaub. Das gilt auch für die reizvolle Insel Fehmarn!

Mit dem Wohnmobil sind es nur winzige Etappen, denn an der Lübecker Bucht reihen sich die schönen Ostseebäder wie an einer Perlenkette aneinander. Timmendorfer Strand, Scharbeutz, Haffkrug oder Sierksdorf bieten gleichermaßen feinste Sandstrände und natürlich Camping- und einige Stellplätze. Die Ostsee ist hier im Windschatten von Ostholstein ruhig und das Wasser sehr seicht – ideale Bedingungen also für einen Strandtag. Hier spielt man Beachvolleyball, macht einen Strandspaziergang oder erfrischt sich in den Fluten der Ostsee.

Nicht versäumen sollte man das Schlendern über die lange Seebrücke in Grömitz, an deren Ende man auch in einer Glocke abtauchen kann. Das rund 200 Jahre alte Ostseebad Grömitz bietet mit dem kleinen Zoo »Arche Noah« eine Attraktion für Familien. Empfehlenswert ist auch eine Radtour zum Beispiel zum Brodtener Steilufer. Oberhalb der zerklüfteten Abbruchkante hat man eine gute Aussicht über die Lübecker Bucht.

NEUSTADT IN HOLSTEIN

Bereits im 13. Jahrhundert wurde die kleine Hafenstadt gegründet, die man auf jeden Fall besuchen sollte. Die Erkundungstour führt auch am Hafen entlang. Das Feuerschiff »Fehmarnbelt«, Fischerboote und Jachten bieten hier nicht nur gute Fotomotive, sie waren auch stets eine tolle Kulisse für die ehemalige TV-Serie »Küstenwache«. Nur wenige Hundert

In Timmendorfer Strand warten gleich drei Seebrücken auf Besucher, etwa die Seeschlösschenbrücke mit dem Teehaus am Brückenkopf.

Niendorf, ein Ortsteil von Timmendorfer Strand, wartet mit einem Hafen (oben links) und einer Seebrücke (unten rechts) auf. Der kleine Fischereihafen in Burgstaaken ist ein lauschiges Plätzchen auf der Insel Fehmarn (oben rechts). Der Stellplatz »Scharbeutzer Strand« (unten links).

Meter sind es bis zum Zentrum des ansehnlichen Städtchens. Am Markt ziehen das klassizistische Rathaus und die gotische Stadtkirche alle Blicke auf sich, bevor man zum mittelalterlichen Kremper Tor geht. In dem gut erhaltenen Stadttor ist das informative Ostholstein Museum untergebracht, das über die Geschichte der Region informiert.

AB AUF DIE INSEL

Eine Reise entlang der Lübecker Bucht kann der Reisemobilist am besten auf der flachen Insel Fehmarn ausklingen lassen. Fehmarn ist die drittgrößte deutsche Insel und verfügt über eine 78 Kilometer lange Küste. So die nüchternen Fakten über die beliebte Reiseregion im Norden Deutschlands. Über die lange Fehmarnsund-Brücke geht es auf diese freundliche Urlaubsinsel, die mit »Wulfener Hals« über einen Vorzeigecampingplatz mit angegliedertem Reisemobilplatz verfügt. Hier bleibt das Wohnmobil erst mal stehen, denn die Insel lässt sich bestens mit dem Fahrrad erkunden. Da die Insel zu den regenärmsten und sonnigsten Gebieten Deutschlands gehört, werden natürlich die Badesachen auf dem Gepäckträger verstaut. Zahlreich sind die schönen Sandstrände.

Geradelt wird auch nach Burg, dem Hauptort der Insel. Alte Straßen mit Kopfsteinpflaster, typische norddeutsche Backsteinhäuser und einladende Lokale bestimmen das Bild des idyllischen Städtchens. Am Hafen von Burgstaaken kann man den Freizeitkapitänen beim Ein- und Auslaufen zuschauen.

INFOS & ADRESSEN

STELLPLATZ: Stellplätze befinden sich zum Beispiel in Bad Schwartau, Travemünde, Timmendorfer Strand, Scharbeutz, Sierksdorf, Neustadt in Holstein, Grömitz, Grömitz-Cismar, Großenbrode, Rosenfelde Grube, Schashagen-Bliesdorf sowie viele weitere auf Fehmarn. Der einfache Stellplatz »Großparkplatz Grömitz« ist nur wenige Minuten von Strand und Promenade entfernt: Gildestraße, 23746 Grömitz, Tel. 04562/25 60, www.groemitz.de, GPS 54°8'41"N, 10°57'8"E.

CAMPINGPLATZ: Auch die Zahl der Campingplätze an der Lübecker Bucht und auf Fehmarn ist hoch. Hervorzuheben ist der komfortable Campingplatz »Wulfener Hals« im Süden der Insel: Wulfen, 23769 Fehmarn, Tel. 04371/862 80, www.wulfenerhals.de, GPS 54°24'25"N, 11°10'29"E.

INFOS: Ostsee-Holstein-Tourismus e. V., Am Bürgerhaus 2, 23683 Scharbeutz, Tel. 04503/88 85 25, www.ostsee-schleswig-holstein.de, www.fehmarn.de

TIPP: Auf der Insel Fehmarn lohnt sich in Burg der Besuch des Meereszentrums mit riesigen Aquarien (www.mega-meereswelten.de).

6 LÜBECK

Schmucke Hansestadt Lübeck

Die schöne Hafenstadt Lübeck wird zu Recht als die »Königin der Hanse« bezeichnet und besticht durch einen Reichtum an Kulturschätzen. In der Altstadt mit den imposanten Backsteinbauten fühlt man sich auf Anhieb wohl. Kein Wunder, denn viele Bauwerke wurden in die UNESCO-Weltkulturerbe-Liste aufgenommen.

Die vielen markanten Türme Lübecks bestimmen die unvergleichliche Silhouette und machen neugierig auf einen Stadtbesuch der traditionsreichen Hansestadt, in der heute rund 215 000 Menschen leben. Die Altstadt ist von Wasser umgeben und in den Kanälen der Trave haben unter anderem Ausflugsschiffe festgemacht. Nur wenige Meter ist das berühmte Holstentor entfernt. Es ist das Wahrzeichen der Stadt und wurde 1478 vollendet. Beim Rundgang bleibt der Besucher stets beeindruckt vor Prachtbauten wie dem Rathaus (13. Jahrhundert), dem gewaltigen Backsteinbau der Marienkirche oder der fünfschiffigen Petri-Kirche stehen. Viele Beispiele für die Backsteingotik lassen sich in Lübeck finden.

BERÜHMTE SÖHNE DER STADT

Nicht roter Backstein, sondern eine weiße Rokokofassade bestimmt das bekannte Buddenbrookhaus. Dieses Haus war ein Schauplatz des Romans »Buddenbrooks – Verfall einer Familie«, für den der Schriftsteller Thomas Mann (1875–1955) den Literaturnobelpreis erhielt. Natürlich kann man sich in dem heutigen Dokumentationszentrum über das Leben und die Werke der Brüder Thomas und Heinrich Mann eingehend informieren. Ein weiterer Literaturnobelpreisträger ist Günter Grass (1927–2015), der in Lübeck lebte. Der dritte Nobelpreisträger ist der frühere Bundeskanzler und in Lübeck geborene Willy

Die schöne Lübecker Altstadt liegt auf einer rund 100 Hektar großen, von Wasserläufen umgebenen Insel.

Brandt (1913–1992), der den Friedensnobelpreis erhielt. Über die großen Söhne der Stadt kann man sich im Buddenbrookhaus, im Günter-Grass-Haus und im Willy-Brandt-Haus umfangreich informieren.

AUSFLUG NACH TRAVEMÜNDE

Von Lübeck empfiehlt sich ein Ausflug nach Travemünde. Hier weht ein Duft der »großen, weiten Welt« in Form der leichten Dieselabgase der riesigen Fähren. Im Mündungsgebiet der Trave ist der Skandinavienkai zu einem der größten europäischen Fährhäfen ausgebaut worden. Hier legen die Fähren ab und brechen Richtung Schweden oder Finnland auf. Nur wenige Schritte sind es zur nächsten Fischbude, von denen es einige entlang des Hafens gibt. Mit dem Fischbrötchen in der Hand schlendert man an den Fischerbooten und Jachten vorbei und hat wiederum eine Landmarke vor Augen, das 158 Meter hohe Maritim-Hotel. Auf dem Hoteldach leuchtet der höchste Leuchtturm Europas.

Im Zentrum des mondänen Seebads, das zu den ältesten in Deutschland gehört, präsentieren sich alte Giebelhäuser, und viele Straßenrestaurants empfehlen sich. Wer es an dieser Gourmetmeile vorbeischafft, kann sich anschließend an dem Blick auf den 1911 gebauten Viermaster »Passat« erfreuen, sein Handtuch am feinen Sandstrand ausbreiten und entspannen. Insbesondere zur Travemünder Woche ist ein Besuch der Stadt lohnenswert, dann wird ein tolles Programm geboten. Ausgehend von dem traditionsreichen Seebad Travemünde kann man herrliche Wanderungen und Radtouren unternehmen.

In Lübeck gehören das Rathaus (oben) und das Holstentor (rechts) zu den vielen städtischen Highlights. Bei einem Ausflug nach Travemünde bietet sich ein Spaziergang etwa an der Travepromenade an (unten).

INFOS & ADRESSEN

STELLPLATZ: Westlich der Altstadt, in der Nähe der Trave, befindet sich der einfache Stellplatz auf der Wallhalbinsel. Hier steht man auf ebenen Flächen neben denkmalgeschützten Lagerhäusern. In wenigen Gehminuten ist man in der Altstadt: Willy-Brandt-Allee 31, 23554 Lübeck, GPS 53°52'23"N, 10°40'50"E.

CAMPINGPLATZ: Die nächstgelegene Campinganlage ist der Campingplatz Lübeck-Schönböcken, der rund vier Kilometer südwestlich der Altstadt liegt. Mit dem Bus oder dem Rad gelangt man bequem in die historische Altstadt: Steinrader Damm 12, 23552 Lübeck, Tel. 0451/893090, www.camping-luebeck.de, GPS 53°52'10"N, 10°37'48"E.

INFOS: Lübeck und Travemünde Marketing GmbH, Holstentorplatz 1, 23552 Lübeck, Tel. 0451/8899700, www.luebeck-tourismus.de

TIPP: Wer einen herrlichen Blick über die Hansestadt erhaschen möchte, sollte den Turm der St.-Petri-Kirche besteigen. Aus einer Höhe von 50 Metern ist der Blick über Lübeck fantastisch.

Inmitten der modernen HafenCity blickt man auf die imposante Elbphilharmonie.

7 HAMBURG

Tor zur großen weiten Welt

Vielleicht hat so mancher den Ohrwurm »Hamburg, meine Perle« oder »Auf der Reeperbahn nachts um halb eins« im Ohr und Ozeanriesen, die belebten Landungsbrücken, das prächtige Rathaus oder die hypermoderne Elbphilharmonie gleich vor Augen. Hamburg ist eine geschäftige Metropole an der Elbe, die zu keiner Zeit schläft. Ein tolles Kulturprogramm, hochrangige Attraktionen und Shopping garantieren schöne Reisetage.

Die quirlige Hansestadt hat für jeden etwas zu bieten und versprüht einen weltoffenen Charme. Besucher aus aller Welt kommen und sind beeindruckt von der Stadt, die mit rund 1,8 Millionen Einwohnern die zweitgrößte Stadt Deutschlands ist. Die »Freie Hansestadt Hamburg« erstreckt sich am Mündungstrichter der Elbe, was ihr letztmalig bei der Sturmflut im Dezember 2013 zum Verhängnis wurde. Sie ist Messe- und Kongressstadt, Universitätsstadt, größte Hafen- und Handelsstadt Deutschlands, Konzert- und Musicalmetropole und schließlich ein eigenständiges Bundesland.

Mit dem HSV und dem FC St. Pauli verfügt die Stadt über zwei sportliche Aushängeschilder. Auch der Hamburger Michel, die imposante Michaeliskirche, von deren Turm man einen tollen Rundumblick hat, ist ein Wahrzeichen der Elbmetropole. Man blickt über die Elbe zum riesigen Hafen, der ein wichtiges Drehkreuz für Produkte aus aller Herren Länder ist. Zudem ist er ein wichtiges Ziel für die unzähligen Ausflugsschiffe, die an den Landungsbrücken ablegen. Zwischen Binnenalster und Elbe ist das Zentrum der Stadt an Vielseitigkeit nicht zu übertreffen und glückliche Reisemobilisten dürfen mittendrin ihr Quartier beziehen. Man kann sein Reisemobil neben dem Fischmarkt abstellen oder neben dem Stadion des FC St. Pauli und erlebt so die quirlige Metropole hautnah. Nur wenige Gehminuten sind es zum Stadtzentrum, in dessen Mitte sich das Rathaus mit seinem markanten Turm erhebt.

HAMBURGER RATHAUS

Am Rathausmarkt hört man Sprachen aus aller Welt. Hier beginnen viele Touristen ihren Stadtrundgang und blicken hinauf zum kunstvoll gestalteten Rathausturm. Im Inneren des Bauwerkes, das 1897 im Neorenaissancestil fertiggestellt wurde, zählt man immerhin 647 Räume. Im Rathaus tagt die Hamburger Bürgerschaft und lenkt so die Geschicke der Stadt, deren Geschichte sich bis in das neunte Jahrhundert zurückverfolgen lässt. Zu den traurigen jüngsten Ereignissen der Stadtgeschichte gehören die verheerenden Bombenangriffe in den Jahren 1943–1945 und die Flutkatastrophe im Jahr 1962, bei der mehr als 300 Menschen starben. An vielen anderen Stellen der Stadt schrieb Hamburg zuletzt Geschichte, die Querelen beim Bau der 2016 fertiggestellten gigantischen Elbphilharmonie waren ein Dauerthema. Nur wenige Schritte vom Rathaus entfernt beschäftigt das Thema »Shopping« die Hamburger und die Besucher gleichermaßen, denn die lebendige Fußgängerzone Mönckebergstraße bietet exzellente Einkaufsmöglichkeiten. Exklusive Geschäfte tummeln sich in der herausgeputzten Straße Neuer Wall.

Mit oder ohne gefüllte Einkaufstasche sind es nur wenige Meter zur Außenalster. Hier nimmt man auf einer Bank Platz und schaut den Wassersportlern zu. Bei Segelregatten oder Drachenbootrennen ist es mit der Ruhe schnell vorbei. An der kleinen Binnenalster sitzt man ebenfalls nett in einigen Straßencafés oder steigt am Jungfernstieg in ein kleines Ausflugsschiff ein. Der Jungfernstieg ist die berühmteste Hamburger Flaniermeile, von der man auf die Binnenalster blickt. Aus dem Wasser schießt die Fontäne hoch in die Luft und schafft ein weltstädtisches Flair. Über die Straße geht es zu den Alsterarkaden, weiß strahlenden Prachtbauten, die 1843 geschaffen wurden. Direkt gegenüber sitzen die Besucher auf den Stufen und füttern die Schwäne und Enten. Eine Idylle, die im krassen Gegensatz zum Getümmel auf der Reeperbahn steht.

Die an der Norderelbe liegende Elbphilharmonie ist ein Wahrzeichen Hamburgs (links). Das Rathaus ist ein idealer Ausgangspunkt, um die Stadt kennenzulernen (rechts).

DIE SÜNDIGE MEILE

Schlachtenbummlergesänge im Stadion des FC St. Pauli, flanierende Menschenmassen auf den Bürgersteigen, Ausgelassenheit in den Kneipen und Bars oder käuflicher Sex: Das ist die Reeperbahn. Dieser verruchte Straßenzug ist auch in den letzten Ecken Deutschlands bekannt. Nahezu jeden Hamburg-Besucher zieht es nach St. Pauli! Egal, ob er in das bekannteste Rotlichtviertel der Welt eintauchen, ein Theater besuchen oder zu früher Morgenstunde auf dem berühmten Fischmarkt ein Schnäppchen machen möchte. Erstaunlicherweise verdankt der Stadtteil seinen Namen dem Sittenapostel St. Paulus. Einst fertigten die »Reeper« hier die Seile. Ihnen folgten im 19. Jahrhundert die Seemänner, die in Kneipen und Freudenhäusern ihr Vergnügen fanden.

Heute reihen sich auf dem sogenannten »Kiez« unzählige Bars, Kneipen, Sexshops, Sex-Show-Lokale und Bordelle aneinander. Wem es hier zu unruhig ist, kann nur wenige Schritte entfernt ein wahrlich besinnliches Fleckchen kennenlernen. So lockt die stattliche Michaeliskirche, die als Hamburger Michel bezeichnet wird und erst Mitte des 18. Jahrhunderts errichtet wurde. Vom Turm hat man in 132 Metern Höhe einen fantastischen Ausblick, wenige Meter unterhalb drehen sich die Zeiger der weltweit größten Kirchturmuhr Deutschlands.

HAFEN DER SUPERLATIVE

Eine Hafenrundfahrt ist in Hamburg ein Muss. Von den Landungsbrücken geht es zum benachbarten Hafen. Ozeanriesen liegen in den Trockendocks und Schiffe werden von riesigen Verladekränen be- und entladen. Seit dem 12. Jahrhundert werden im Hafen massenweise Güter umgeschlagen. Jährlich schippern mehr als 12 000 Schiffe die 104 Kilometer von der Mündung der Elbe bis zum Hamburger Hafen. Vom Deck der im Vergleich mickrigen Barkassen spürt man den Wind der großen weiten Welt. Produkte aus fernen Ländern werden hier gelöscht. Früher gelangten sie überwiegend in die Speicherstadt, die man sich auf jeden Fall anschauen sollte. Seit wenigen Jahren bilden hier Tradition und (Ultra-) Moderne eine attraktive Einheit. Nur wenige Meter

Das wuchtige Chile Haus wurde in die UNESCO-Weltkulturerbeliste aufgenommen (links). In der St. Pauli Strandbar kann man leckere Cocktails mit Blick auf den Hafen genießen (rechts).

entfernt sind, südlich an die einzigartige Elbphilharmonie angrenzend, hypermoderne Wohn- und Geschäftshäuser entstanden. Wer in dieser eleganten HafenCity viel Geld bezahlt hat, kann sich über den Blick auf die Elbe freuen.

BELIEBTE MUSICAL- UND THEATERMETROPOLE

Einen unverbauten Blick hat man in den Schauspiel- und Musicalhäusern. Hamburg ist eine riesige Bühne und bietet neben dem legendären Ohnsorg Theater eine Vielzahl an bekannten Bühnen. Nach New York und London hat Hamburg die größte Musicaldichte, weshalb so mancher eigens für den Musicalbesuch nach Hamburg reist. Aber auch das Angebot an Opern, Theaterstücken, Revuen und Konzerten ist sehr groß. Gleiches gilt für die vielen sehenswerten Museen und Sehenswürdigkeiten, und damit sind nicht nur die Publikumsmagnete wie Hamburg Dungeon oder Miniatur Wunderland gemeint.

Die Liste ist unendlich lang und umfasst unter anderem die Kunsthalle, das Museum für Kunst und Gewerbe, den Hagenbeck Tierpark, das Hafenmuseum, das Automuseum, das Deutsche Zollmuseum, das HSV-Museum, das St. Pauli Museum, das Planetarium, das Speicherstadtmuseum oder das Völkerkundemuseum. Nach so viel Kultur wird der Reisemobilist kein Problem haben, ein ansprechendes Restaurant oder eine urige Kneipe zu finden. Wie einst von Hans Albers besungen, herrscht »auf der Reeperbahn nachts um halb eins« noch viel Trubel. Prima, dass man sein Reisemobil nur wenige Ecken weiter auf dem Stellplatz am Fischmarkt oder am St.-Pauli-Stadion abgestellt hat.

Von den Landungsbrücken (unten rechts) gelangt man in südlicher Richtung zum Hafen (oben links) und nach Osten zur Speicherstadt (unten links). Gut steht man auf dem Stellplatz am St. Pauli Stadion (oben rechts).

INFOS & ADRESSEN

STELLPLATZ: Stellplätze befinden sich im Zentrum direkt am St.-Pauli-Stadion (Heiligengeistfeld) und in den Stadtteilen Eimsbüttel, Wandsbek, Wilhelmsburg sowie direkt am Fischmarkt in St. Pauli. Ein guter Stellplatz liegt in der Innenstadt (Stadtteil Hamburg-Hammerbrook): Grüner Deich 8, 20097 Hamburg, Tel. 040/30 09 18 90, www.wohnmobilhafen-hamburg.de, GPS 53°32'38"N, 10°1'43"E.

CAMPINGPLATZ: Rund um die Metropole gibt es einige Campingplätze. Zu empfehlen ist der »Knaus Campingpark Hamburg« im nördlichen Stadtteil Schnelsen (neben IKEA). Hier steht man auf einem ebenen Wiesengelände. Er ist ganzjährig geöffnet: Wunderbrunnen 2, 22457 Hamburg-Schnelsen, Tel. 040/559 42 25, www.knauscamp.de, GPS 53°39'00"N, 9°55'44"E.

INFOS: Hamburg Tourismus GmbH, Wexstr. 7, 20355 Hamburg, Tel. 040/30 05 17 01, www.hamburg-tourismus.de

TIPP: Hamburgs Fischmarkt ist ein Muss! Zwischen 5 und 9.30 Uhr werden jeden Sonntag Lebensmittel, Pflanzen, Kleidung usw. verkauft, während in der Fischmarkthalle ausgelassen gefeiert wird. Dann wird Livemusik gespielt und abgerockt!

8 RÜGEN

Erholsame Seebäder und berühmte Kreidefelsen

Auf der größten Insel Deutschlands breitet der Reisemobilist sein Strandlaken an den feinen Stränden aus, schlendert durch die Ostseebäder oder erkundet den Nationalpark Jasmund. Wanderungen lohnen sich ebenso wie Radtouren oder eine Fahrt mit dem »Rasenden Roland«.

Hauptattraktion der Insel sind die Kreidefelsen, die durch ein Gemälde von Caspar David Friedrich (1818) berühmt geworden sind. Sie befinden sich im Jasmunder Nationalpark. Immer wieder brechen von den hoch auftürmenden Kreidefelsen große Brocken ab und stürzen in die Tiefe. Auch das Kap Arkona mit seiner Steilküste ist ein markanter Kreidefelsen. Oberhalb stehen die beiden Leuchttürme dicht beieinander und helfen den Seefahrern bei der Orientierung. Der kleine Turm wurde von Karl Friedrich Schinkel entworfen und beherbergt ein Museum. Neben den Kreidefelsen prägen schöne Sandstrände, grüne Wiesen, große Raps- und Getreidefelder, kleine Wälder, sumpfige Moore und die Boddengewässer das Landschaftsbild.

GEPFLEGTE SEEBÄDER

Auch wenn man in Binz, Göhren, Baabe oder Sellin nicht gerade allein über die Seebrücke, Promenade oder durch die Geschäftsstraßen schlendert, so stellt sich nur selten Hektik ein. Begeistert ist hier jeder Gast von den vielen prächtigen Villen, die im Stil der Bäderarchitektur errichtet wurden. Diese Seebäder und einige nette Dörfer haben eine reizvolle Lage direkt an der Küste. Den geografischen Mittelpunkt der Insel bildet die Stadt Bergen. Mit rund 18 000 Einwohnern ist sie die größte Stadt und das wirtschaftliche Zentrum Rügens. Am Marktplatz wechseln sich Häuser mit Backstein- und weißer Putzfassade ab. Das Fachwerkhaus »Benedix-Haus«

Es macht Spaß, die Insel Rügen mit dem Wohnmobil zu entdecken, insbesondere wenn man auf den schönen Alleen unterwegs ist.

Zu den Highlights von Rügen zählen die Seebrücke von Sellin (oben) und das Kap Arkona (rechts). Der KNAUS Campingpark Rügen in Altenkirchen liegt auf einem Hochplateau mit Blick auf die Ostsee (unten).

gilt als das älteste Wohnhaus der Insel (Anfang 17. Jahrhundert). Sehenswert sind die Marienkirche von 1170, die älteste Kirche der Insel, und der Ernst-Moritz-Arndt-Turm.

Ein besonderer Ort ist das kleine Putbus, das auch als »weiße Stadt« bezeichnet wird. Zu den vielen weißen Bauwerken gehören das runde Häuserensemble »Circus« und das Schloss mit der herrlichen Parkanlage. In Putbus sorgt das auf dem Kopf stehende, bewohnte Haus für Verwunderung. Wahre Gegensätze stellen die Hafen- und Fährstadt Sassnitz und das kleine romantische Vitt dar. In diesem Fischerdorf, unweit vom Kap Arkona, sind die kleinen, reetgedeckten Häuser die reinsten Postkartenmotive.

UNBEDINGT SEHENSWERT

Viele Sehenswürdigkeiten finden sich auch auf den Postkarten wieder, wie das klassizistische Jagdschloss Granitz südlich von Binz, das man besichtigen kann. Vom Turm hat man einen guten Ausblick. Eine sehr spezielle Attraktion ist der beachtliche, viereinhalb Kilometer lange Betonbau nördlich von Binz im Ortsteil Prora, der als Ferienanlage von den Nationalsozialisten errichtet wurde und heute ein Komplex mit Ferienwohnungen ist. Familien sind vom Freizeitpark »Rügen Park« begeistert. Neben Radtouren bietet sich auch eine Fahrt mit der historischen Schmalspurbahn »Rasender Roland« an, die seit 1914 schnaufend unterwegs ist.

INFOS & ADRESSEN

STELLPLATZ: Stellplätze befinden sich etwa in Altenkirchen, Bergen, Binz, Dranske, Gager, Gingst, Glowe, Lauterbach, Poseritz, Putgarten, Sassnitz, Schaprode, Sellin, Wiek und Zirkow. Empfehlenswert ist der Stellplatz in Lohme in der Nähe des Dorfladens und des guten Fischrestaurants »Daheim«: Arkonastr. 4, 18551 Lohme, Tel. 038302/88 55 85, GPS 54°34‘58“N, 13°36‘52“E.

CAMPINGPLATZ: Campingplätze befinden sich unter anderem in oder in der Nähe von Alt-Reddevitz, Altefähr, Altenkirchen, Binz-Prora, Dranske-Nonnevitz, Gingst, Groß-Banzelvitz, Lietzow, Lobbe, Nipmerow, Pritzwald, Schaprode, Seehof, Suhrendorf und Thiessow. Gut steht man auf dem Campingplatz »Regenbogen Camp Göhren«: Am Kleinbahnhof, 18586 Göhren, Tel. 038308/901 20, www.regenbogen.ag, GPS 54°20‘48“N, 13°44‘03“E.

INFOS: Tourismuszentrale Rügen GmbH, Circus 16, 18581 Putbus auf Rügen, Tel. 03838/80 77 80, www.ruegen.de

TIPP: Ein besonderes Highlight sind die Störtebeker-Festspiele. In Ralswiek dreht sich auf der Freilichtbühne mit rund 150 Schauspielern alles um den Freibeuter Klaus Störtebeker (www.stoertebeker.de).

An den Stränden Usedoms fühlen sich die Urlauber richtig wohl. Sehr beliebt ist das Seebad Ahlbeck.

9 USEDOM

Entspannte Tage auf der Ostseeinsel

Lange Sandstrände, die berühmten Kaiserbäder mit ihren Promenaden und eine reizvolle Natur machen die östlichste deutsche Insel zu einem idealen Reiseziel für Reisemobilisten. Tolle Campingplätze und gute Stellplätze an Ostsee und Achterwasser runden den Inselurlaub ab. Wer nicht nur am Strand liegen möchte, kann lange Strandspaziergänge, Wanderungen und Ausflüge mit dem Fahrrad unternehmen.

Zugegeben, die Anreise mit dem Wohnmobil zur Insel Usedom kann je nach Wohnort lang sein, aber insbesondere in der Vor- und Nachsaison, wenn auf der schönen Ferieninsel etwas Ruhe eingekehrt ist, lohnt sich die Fahrt. Der Fremdenverkehr hat auf der Insel Usedom eine lange Tradition. Bereits im Jahr 1825 wurde in Heringsdorf ein Seebad errichtet und mit den prunkvollen Kaiserbädern wurde die Insel zur »Badewanne Berlins«. Immerhin ist Usedom die sonnenreichste Ostseeinsel. Mit einer Fläche von 445 Quadratkilometern ist sie nach Rügen die zweitgrößte deutsche Insel. Sie erstreckt sich am westlichen Oderdelta zwischen dem Stettiner Haff und den beiden Armen der Odermündung: dem Peenestrom und der Swine.

Ein kleiner östlicher Teil der Insel gehört zu Polen, was das große Eiland noch interessanter macht. So kann man problemlos und mittlerweile ohne Grenzkontrollen dem polnischen Nachbarn einen Besuch abstatten, allen voran der Stadt Swinemünde (Świnoujście). Die gesamte Insel samt der Gewässer genießt als »Naturpark Insel Usedom« einen besonderen Naturschutz. Landschaftlich zeigt sich die Insel vielseitig, und in Verbindung mit den idyllischen Städten wird es dem Besucher garantiert nicht langweilig. An der Pommerschen Bucht ist der schöne Sandstrand immerhin 42 Kilometer lang, hier spannen die Inselgäste in den traditionsreichen Kaiserbädern aus. Auf der Promenade kann man flanieren und an den langen Stränden spazieren.

KAISERBÄDER LADEN EIN

In dem Ostseebad Heringsdorf erwartet den Reisenden ein Superlativ, denn mit stolzen 508 Metern ist die Seebrücke die längste ihrer Art auf dem europäischen Festland. Kein Wunder, dass man zunächst über die 1995 errichtete Seebrücke schlendern möchte. Am Ende blickt man über den langen Sandstrand, und ein Restaurant mit Pyramidendach lädt zum Speisen oder auf eine Tasse Kaffee ein. Hier befindet sich auch der Anleger der Fahrgastschiffe, die weitere Seebäder und den polnischen Teil der Insel ansteuern.

Die moderne Seebrücke täuscht zunächst darüber hinweg, dass es sich bei diesem Seebad um ein gewachsenes Dorf handelt. 1818 ließen sich die ersten Fischer nieder und aufgrund der vielen Heringssalzereien gab ihm Kronprinz Friedrich Wilhelm den Namen »Heringsdorf«. Den Fischern folgten viele Erholungssuchende, die Prachtvillen errichten ließen. Zahlreiche Hotels öffneten in Heringsdorf ihre Pforten. Von da an ließ sich die vornehme Gesellschaft hier den frischen Sommerwind um die Nase wehen. Ein Garant für beste Erholung ist der seichte und sichere Strand. Der Inselbesucher mietet sich einen Strandkorb, verstaut seine Sachen und beobachtet das bunte Treiben am breiten Strand. Am Abend kann man in dem Casino sein Glück auf die Probe stellen. Wer sein Geld sparen will, bleibt an der frischen Luft und erfreut sich an einem Spaziergang auf der herrlichen, langen Promenade, welche die drei Kaiserbäder Ahlbeck, Heringsdorf und Bansin miteinander verbindet.

In westlicher Richtung erreicht man das Seebad Bansin, doch wesentlich lohnenswerter ist ein Spaziergang gen Osten nach Ahlbeck, dem östlichsten Seebad Deutschlands. Hier führt die Promenade an prachtvollen Gründerzeitvillen vorbei. Um 1880 entstanden Hotels und Villen und wohlhabende Bürger suchten nach Ruhe und Erholung. Monarchen, Adel und Geldadel zog es in die Seebäder, was ihnen den Beinamen »Kaiserbäder« einbrachte. Damit auch die

Über die Strände bis weit ins Wasser ragen die langen Seebrücken, wie die von Heringsdorf.

Arbeiterkinder aus der Großstadt in den Genuss der frischen Luft kommen konnten, ließ Kaiser Wilhelm II. ein Erholungsheim errichten. Unübersehbare Attraktion von Ahlbeck ist die bereits 1898 gebaute Seebrücke mit dem viertürmigen Pavillon, der seit der Wende in vornehmer weißer Farbe erstrahlt. Abseits der beliebten Bäder kehrt am Achterwasser, einer Lagune des Peenestroms, Ruhe ein. Neben den quirligen Kaiserbädern bieten sich auch die erholsamen vier »Usedomer Bernsteinbäder« Zempin, Koserow, Loddin und Ückeritz für einen Besuch an.

AM ACHTERWASSER IST ES BESCHAULICHER

Mit dem Boot, dem Fahrrad oder zu Fuß lässt sich das Achterwasser bestens entdecken, etwa das Naturschutzgebiet Möwenort. Hier stößt man auf eine teils unberührte Wiesenlandschaft mit Wacholder- und Holunderbüschen, auf ein inaktives Kliff sowie Dünen und Strände. Wie an anderen Stellen auf Usedom trifft man hier auf eine einzigartige Flora und Fauna. Rund 280 Vogelarten leben auf der Insel, und auch der Seeadler zieht hier seine Kreise. Nicht ganz aus der Vogelperspektive, aber aus einer erhabenen Position hat man von dem 32 Meter hohen »Weißen Berg« einen grandiosen Ausblick über das Achterwasser und die Bucht Krumminer Wiek bis nach Wolgast.

In Wolgast können die Urlauber seit dem Jahr 2000 das »Blaue Wunder« erleben, so der Name der neuen Klappbrücke, die über die Peene führt. Die schmucke Stadt Wolgast hat gleich mehrere Attraktionen zu bieten. So lohnen sich ein Rundgang in der netten Altstadt sowie der Besuch des Museumshafens und des Runge-Museums. Hier kann man reproduzierte Werke des romantischen Malers Philipp Otto Runge (1777–1810) bestaunen.

USEDOM AUF USEDOM

Eine weitere interessante Stadt ist Usedom. Die Stadt Usedom am Usedomer See auf der Insel Usedom war im Mittelalter eine bedeutende Stadt. Ein Zeugnis der Blütezeit ist das 1450 gebaute Anklamer Tor, in dem das Heimatmuseum untergebracht ist. Eine besondere Sehenswürdigkeit liegt nur wenige Kilometer süd-

Farbenfroh präsentieren sich die Wiesen und Felder der Insel (links). Die Grünanlagen an der Promenade des Seebads Ahlbeck sind liebevoll angelegt (rechts).

lich von Usedom: Bei Karnin ragt der mittlere Teil der alten Eisenbahnhubbrücke aus dem Wasser. Sie wurde 1933 gebaut, galt als die modernste Brücke ihrer Art und wurde gegen Ende des Zweiten Weltkriegs gesprengt. Der Höhepunkt im wahrsten Sinne des Wortes ist die Besteigung des Turms der Marienkirche, von dem man einen schönen Überblick über die Stadt und die grüne Insel hat.

MIT DEM RAD DIE INSEL ENTDECKEN

Auf den Heckträger des Wohnmobils gehört unbedingt das Fahrrad, hat man erst mal sein Urlaubsgefährt auf dem Campingplatz abgestellt, lässt sich die Insel bestens mit dem Fahrrad erkunden. Gute Radwege, die herrliche Landschaft und der Weitblick machen eine Radtour zu einem besonderen Erlebnis. Die verbrauchten Kalorien kann man sich in einer der vielen urigen Gaststätten bei einem schmackhaften Fischgericht wieder zurückholen. Für den kleinen Hunger empfiehlt sich ein Fischbrötchen. Wer sich die Zutaten für seine Mahlzeit selbst fangen möchte, sollte eine Angel mitnehmen.

Die Landschaft lässt sich auch hervorragend auf Schusters Rappen erkunden. In der Nebensaison, wenn es auf der Insel ruhiger ist, lohnen sich kilometerlange Wanderungen an der Küste. Vor allem im Herbst sollte man sein Fernglas mitführen, denn an vielen Orten kann man unzählige Vögel beobachten. Wer mehr über die interessante Insel erfahren möchte, sollte sich geführten Radtouren und Wanderungen anschließen (Informationen gibt es in den Touristenbüros). Hierbei erfährt man vieles über die Flora und Fauna aus erster Hand.

Stellplatz in Netzelkow (oben links) und Sandskulptur in Heringsdorf (unten links). Mit der Tauchglocke in Zinnowitz können Besucher in die Ostseeunterwasserwelt eintauchen (oben rechts). In den Koserower Salzhütten wird Fisch frisch geräuchert (unten rechts).

INFOS & ADRESSEN

STELLPLATZ: Stellplätze befinden sich unter anderem in Karnin, Lütow, Seebad Bansin, Heringsdorf, Koserow-Damerow, Seebad Ahlbeck, Peenemünde und Kamminke. Ein guter und moderner Stellplatz ist »Mobilcamp Heringsdorf«, der rund 300 Meter vom Strand entfernt ist und parzellierte Stellplätze bietet: Mobilcamp Heringsdorf, Triftstr. 10a, 17424 Seebad Heringsdorf, Tel. 038378/49 80 73, www.mobilcamp-heringsdorf.de, GPS 53°57'42"N, 14°09'12"E.

CAMPINGPLATZ: Die Insel Usedom bietet Campingplätze unter annderem in Trassenheide, Zinnowitz, Ostseebad Koserow, Freest, Zempin, Ückeritz, Neppermin, Stubbenfelde und Lütow. Empfehlenswert ist »Dünencamp Karlshagen«, ganzjährig geöffnet und direkt am Strand gelegen: Zeltplatzstr. 11, 17449 Ostseebad Karlshagen, Tel. 038371/202 91, www.karlshagen.de/duenencamp, GPS 54°7'12"N, 13°53'10"E.

INFOS: Usedom Tourismus GmbH, Hauptstr. 42, 17459 Seebad Koserow, Tel. 038375/24 41 44, www.usedom.de

TIPP: Im Seebad Zinnowitz finden im Sommer alljährlich die Vineta-Festspiele auf der Ostseebühne statt, ein Spektakel mit Theater, Musik und Tanz (www.vineta-festspiele.de).

10 HANSESTADT WISMAR

Auf den Spuren der Hanse

Wismar gehört zu den interessantesten Städten an der Ostsee. Die historische Altstadt mit ihren Backsteinbauten zeugt heute noch von der einstigen Blütezeit der Hanse. Lehrreiche Kultur und reizvolle Natur gehen hier Hand in Hand, was man unter anderem auf der benachbarten Insel Poel hautnah erleben kann.

Zur wirtschaftlichen Entwicklung der Stadt trug die geschützte Lage an der Wismarer Bucht bei. Im Jahr 1229 erhielt sie die Stadtrechte. Wismar lag an der bedeutenden Handelsstraße zwischen Lübeck und Rostock bis ins Baltikum und gehörte seit 1358 der Hanse an. Mit dem Niedergang der Hanse und dem Dreißigjährigen Krieg endete der Aufschwung. Erst im 19. Jahrhundert florierte der Seehandel wieder. Schiffbau, Handel und Seefahrt sind auch heute noch ein wichtiges Standbein der Stadt. Natürlich spielt auch der Fremdenverkehr eine Rolle, und Reisemobilisten stoßen im Zentrum auf den Stellplatz »Wohnmobilpark Westhafen«, der ein perfekter Ausgangspunkt für den Stadtrundgang ist.

PRÄCHTIGE ALTSTADT

Viele Bauwerke der Altstadt wurden in die UNESCO-Weltkulturerbe-Liste aufgenommen. Zu den imposanten Backsteinhäusern zählt auch der »Alte Schwede«. Er wurde im Jahr 1380 errichtet und zählt zu den schönsten Häusern im Norden Deutschlands. Ein Blick auf die Stadtgeschichte zeigt, dass die mächtigen Schweden in den Jahren 1648–1803 über Wismar herrschten. Im Erdgeschoss des »Alten Schweden« kann man vorzüglich speisen. Am Abend sind die Bauwerke am immerhin 10 000 Quadratmeter großen Markt raffiniert beleuchtet. Vor dem »Alten Schweden« steht die Wasserkunst, ein Pavillon

Der Alte Hafen von Wismar ist abends stimmungsvoll beleuchtet.

im holländischen Renaissancestil, der 1602 erbaut wurde und bis 1897 der Wasserversorgung diente. Zu den vielen weiteren Prachtbauten rund um den Markt gehört das klassizistische Rathaus (1819). Gleich hinter dem Rathaus befinden sich mit der Krämerstraße, den Straßen »Hinter dem Rathaus« und Hegede die schönsten, verkehrsberuhigten Straßenzüge. An der Ecke steht auch das Karstadt-Stammhaus. 1881 eröffnete Rudolph Karstadt hier sein erstes Kaufhaus.

BEACHTLICHE KIRCHE

Nur ein paar Schritte vom Marktplatz entfernt ragt der Turm der Marienkirche in den Himmel. Mit seinen 80 Metern Höhe ist er nicht nur das Wahrzeichen der Stadt, sondern für die Schiffer eine wichtige Landmarke. Während Dach und Mauerwerk der benachbarten gotischen Georgskirche erhalten sind, zeigt sich das Kircheninnere verwaist. Ganz anders präsentiert sich die stolze St. Nikolaikirche aus dem 14. Jahrhundert. Im Inneren blickt der Besucher 37 Meter hinauf und fühlt sich winzig in einer der höchsten Kirchen Deutschlands. Ein Orkan brachte 1703 den Turm zum Einsturz.

ABSTECHER AUF DIE INSEL POEL

Nur wenige Minuten sind es von Wismar mit dem Wohnmobil zur Insel Poel. Im Örtchen Timmendorf bietet sich ein toller Strand mit einer Vielzahl von Strandkörben zum Relaxen an. In Kirchdorf kann man sich im Heimatmuseum über die 37 Quadratmeter große und flachwellige Insel informieren.

Ein Spaziergang entlang des Wismarer Bachs Grube ist abends besonders schön (oben links). Die Nikolaikirche verfügt über wertvolles Inventar (oben rechts). Ein lohnenswerter Abstecher führt auf die Insel Poel, die in Timmendorf einen schönen Strand und einen Stellplatz bietet (unten links und rechts).

INFOS & ADRESSEN

STELLPLATZ: Auf der Insel Poel befindet sich der gute Stellplatz am Ortsrand von Timmendorf. In wenigen Minuten ist der Reisemobilist am Strand. Ein weiterer befindet sich in Niendorf. In Wismar steht das Reisemobil bestens auf dem Stellplatz »Wohnmobilpark Westhafen«, der nur wenige Gehminuten von der Altstadt entfernt ist: Schiffbauerdamm 12, 23966 Wismar, Tel. 0172/388 40 03, www.wohnmobilpark-wismar.de, GPS 53°53'38"N, 11°27'6"E.

CAMPINGPLATZ: Campingplätze befinden sich nur außerhalb von Wismar. Eine empfehlenswerte Campinganlage ist der Campingplatz »Leuchtturm« in Timmendorf auf der Insel Poel: Lotsenstieg 25, 23999 Timmendorf, Tel. 038425/202 24, www.campingplatz-leuchtturm.com, GPS 53°59'38"N, 11°22'45"E.

INFOS: Tourist-Information Wismar, Lübsche Str. 23a, 23966 Wismar, Tel. 03841/194 33, www.wismar.de

TIPP: Am Alten Hafen haben zahlreiche umgebaute Fischkutter festgemacht und verkaufen Fischspezialitäten. Hier schmeckt das Fischbrötchen ebenso gut wie der Räucherfisch. Gleich nebenan kann man Ausflüge mit dem Schiff, etwa mit einer nachgebildeten Hansekogge, unternehmen.

Die Hubbrücke im Zentrum von Plau am See wurde im Jahr 1916 errichtet.

11 MECKLENBURGISCHE OBERSEEN

Seen, Seen und Seen

Ein Wirrwarr von Seen, Flüssen und Kanälen macht die reizvolle Mecklenburgische Seenplatte aus. Hier boomt der Tourismus und gerade Reisemobilisten kommen auf den vielen Stell- und Campingplätzen auf ihre Kosten. Hier steht man am Ufer von Müritz und Co. oder am Rande interessanter Städte. Beste Wassersportmöglichkeiten, Rad- und Wanderwege sprechen vor allem die Aktivurlauber an. Für Naturfreunde gibt es den Müritz Nationalpark.

Mecklenburg-Vorpommern gehört in Deutschland zu den Bundesländern mit hohen Besucherzahlen, was zum einen an der erholsamen Ostsee und zum anderen an der reizvollen Mecklenburgischen Seenplatte liegt. Diese grandiose Seenlandschaft wurde während der letzten Eiszeit geschaffen. Der erste Blick auf die Karte weist zwar auf ein Gewässerlabyrinth hin, jedoch ist es dann rund um die Oberseen schon weitaus übersichtlicher. Hier locken mit der Müritz, dem Plauer See, dem Fleesensee und dem Kölpinsee malerische Gewässer. Am Ufer der sauberen und von Wassersportlern geschätzten Seen stößt man auf einladende Städte wie Waren, Röbel, Malchow oder Plau am See. Kleine Etappen und große Naturerlebnisse ermöglichen einen stressfreien Urlaub. Wer im Westen der Region mit der Wohnmobiltour beginnt, sollte auf jeden Fall der Stadt Plau einen Besuch abstatten. Sie erstreckt sich an dem durchschnittlich nur acht Meter tiefen Plauer See, der mit einer Fläche von 39 Quadratkilometern immerhin der drittgrößte See Mecklenburg-Vorpommerns ist.

AUFTAKT IN PLAU AM SEE

Die idyllische Stadt Plau am See kann mit einer netten Altstadt und malerischen Fachwerkhäusern aufwarten. Sie wurde in den Jahren 1225–1226 planmäßig errichtet und durch Stadtmauer und Gräben gesichert. Mittendrin erhebt sich die stattliche Stadtkirche. Sie stammt aus dem 14. Jahrhundert und gehört zu den Hallenkirchen westfälischen Typs. Nächste Attraktion ist die alte Hubbrücke, die bereits 1916 gebaut wurde. Wenn sie sich für die Wassersportler hebt, kommt im Zentrum der Verkehr zum Erliegen. Sehenswert ist auch die »Hühnerleiter«, eine hölzerne Brücke über der Schleuse der Elde-Müritz-Wasserstraße. Hier stehen die Besucher und beobachten die Freizeitkapitäne beim Auf- und Abschleusen. Ähnlich lebendig geht es im Hafen zu, denn hier legen Boote an und ab, und Ausflugsschiffe laufen aus, um den Passagieren die herrlichen Seen nahezubringen. Nach einem schmackhaften Fischbrötchen oder dem Einkehren in einem der guten Fischlokale geht es mit dem Reisemobil weiter zum Lenzer Hafen am Lenzer Kanal.

REIZVOLL GELEGENE STELLPLÄTZE

Mit dem Stellplatz »Lenzer Hafen« landet der Reisemobilist einen Volltreffer. Ebene Stellplätze, Sanitärgebäude und Restaurants laden zu einem mehrtägigen Aufenthalt ein. Die Lage direkt am Kanal ist unvergleichlich. Hier sitzt man vor seinem Wohnmobil, studiert die Reiselektüre und grüßt immer wieder die passierenden Wassersportler. Ab und zu klettern Schwäne und Enten die Böschung hinauf und hoffen, gefüttert zu werden. Einen Steinwurf vom Stellplatz entfernt befindet sich der Hafen, in dem man kleine Motorboote führerscheinfrei chartern kann. Damit ist eine Entdeckungsreise auf dem Plauer See oder dem Petersdorfer See möglich. Wer allerdings seinen Urlaub ruhiger angehen lassen möchte, wird sein Badelaken auf der Liegewiese oder auf dem schmalen Sandstrand am benachbarten Lenzer Strandbad ausbreiten.

INSELSTADT MALCHOW

Von Lenz sind es nur wenige Kilometer bis zum interessanten Ort Malchow. Der alte Ortskern liegt auf einer Insel im Malchower See. Zur Hauptattraktion gehört die Drehbrücke, die zu jeder vollen Stunde

Nur einige Schritte vom Rathaus entfernt befindet sich das Tourismusbüro von Plau am See (links). Der Turm der Malchower Klosterkirche kann bestiegen werden (rechts).

den Schiffen die Weiterfahrt ermöglicht. Eine weitere Sehenswürdigkeit ist die schmucke Klosterkirche, die Mitte des 19. Jahrhunderts errichtet wurde. Heute beherbergt die Kirche das Mecklenburgische Orgelmuseum mit interessanten historischen Orgeln.

MÜRITZMETROPOLE WAREN

Von Malchow dauert es mit dem Reisemobil nicht einmal eine halbe Stunde bis nach Waren. Die Stadt an der Müritz hat sich herausgeputzt für die vielen Gäste, die mit dem Boot die Stadt ansteuern oder in den zahlreichen Hotels ein Zimmer gebucht haben. Auch an Campingplätzen rund um Waren mangelt es nicht. Jeder Urlauber wird die schöne und lebendige Stadt gleich in sein Herz schließen und den Spaziergang an der Promenade entlang genießen. Am Marktplatz stehen prächtige Bauwerke wie das Rathaus in markanter Tudorgotik und die Löwenapotheke, die im Jahre 1623 erbaut wurde. In der Fußgängerzone schlendert man an netten Geschäften vorbei, und mit der Marienkirche aus dem 13. Jahrhundert und der Georgskirche stößt man auf zwei interessante sakrale Bauwerke. Die gotische Pfarrkirche St. Georg wurde auf dem höchsten Punkt der Stadt im Jahr 1225 errichtet und im Laufe ihrer Geschichte mehrfach umgebaut.

Nicht versäumen sollte man den Besuch in dem Müritzeum, das nicht nur durch seine progressive Architektur neugierig macht. In diesem naturkundlichen Erlebniscenter der Mecklenburgischen Seenplatte erfährt man viel über die Geschichte, die Kultur und die Flora und Fauna. Im Innernen stehen die Besucher vor dem Aquarium, das sich über zwei Etagen erstreckt und das größte Becken mit Süßwasserfischen in Deutschland ist.

In Waren wie auch in vielen anderen Städten machen die Ausflugsschiffe der »Weißen Flotte« fest – eine gute Möglichkeit, die Mecklenburgischen Oberseen aus einem anderen Blickwinkel kennenzulernen. Gleiches gilt auch für eine Bootstour mit einem kleinen Motorboot, das man am Hafen mieten kann. Abends sollte man in einer der Straßenkneipen am Hafen Platz nehmen. Ein frisch gezapftes Bier bei fetziger Livemusik rundet den Urlaubstag auf angenehme Weise ab. Ein Kontrastprogramm zum lebendi-

Die Promenade von Waren (links) führt von der Steinmole zum Stadthafen (rechts).

gen Abend ist dann sicherlich der Aufenthalt im Müritz Nationalpark.

STREIFZUG DURCH DEN MÜRITZ NATIONALPARK

Von Waren ist der Müritz Nationalpark nur wenige Kilometer entfernt. Man kann ihn zu Fuß oder mit dem Fahrrad entdecken. Immerhin stehen rund 200 Kilometer Radwege und rund 400 Kilometer Wanderwege zur Verfügung. Er wurde 1990 eingerichtet und umfasst eine Fläche von 322 Quadratkilometern. Bei einem Streifzug durch den Nationalpark geht es teils durch dichte Wälder vorbei an Mooren, Weiden und Seen. Der Park ist eine Drehscheibe für skandinavische und baltische Zugvogelarten. Im Herbst kommen die Kraniche und machen diesen Ort zu einem der größten Kranichrastplätze auf dem deutschen Festland. An den Vogelbeobachtungsstationen kann man die Zugvögel bestens beobachten. Vielleicht erspäht man mit ein wenig Glück auch Fisch- und Seeadler. Sie kreisen hier über rund 100 Seen, die sich im Nationalpark befinden. Eine Pause sollte man sich auf dem Müritzhof gönnen. Hier wurde eine Gaststätte eingerichtet, die dem Parkbesucher eine stärkende Mahlzeit anbietet.

UNTERWEGS MIT DEM FAHRRAD

Nach reichlich Natur steht in Röbel wieder die Kultur im Vordergrund. Bei schlechtem Wetter besucht man die MüritzTherme, die neben den Schwimm- und Bademöglichkeiten auch Wellness, Sauna und Solarium bietet. Bei schönem Wetter nimmt man natürlich die Stadt unter die Lupe. Dann lockt die Marienkirche, von deren Turm man eine herrliche Rundumsicht hat. Man blickt auf den alten Ort, den kleinen Müritz-Binnensee und sieht am Horizont die »große« Müritz. Mit einer Fläche von 117 Quadratkilometern ist die Müritz der größte deutsche Binnensee, der Name leitet sich von dem slawischen Wort »morcze« ab, was so viel wie »kleines Meer« bedeutet. Mit dem Wohnmobil kann man leider nur einige wenige Uferabschnitte erreichen.

Einen schönen Zugang zum »kleinen Meer« hat man auf dem Campingplatz Ludorf. Der gepflegte Campingplatz verfügt auch über einen Strand. Als Startpunkt für eine Entdeckungsreise mit dem Fahrrad ist er bestens geeignet. Mitten durch eine flachwellige Landschaft mit großen Getreidefeldern geht es zum südlichen Gewässerabschnitt, der Kleinen Müritz. Umweltfreundlich und fitnessfördernd ist

Wer sich gerade nicht auf oder an den Seen, etwa der Müritz (rechts), aufhält, ist vielleicht mit dem Wohnmobil unterwegs (oben). Zu einem Urlaub in Mecklenburg-Vorpommern gehört auch der Besuch des Müritz Nationalparks (unten).

man mit dem Fahrrad unterwegs, und wer viel Zeit und Energie hat, strampelt über den lohnenswerten Müritz-Radwanderweg. Er führt auf einer Länge von 76 Kilometern rund um den großen See und ebenso durch den Müritz Nationalpark. In dem verschlafenen Örtchen Ludorf sollte man auch die Backsteinkirche besichtigen. Sie steht auf einem achteckigen Grundriss und wurde bereits 1346 geweiht.

AUF ZU NEUEN UFERN

Nach dem Motto »auf zu neuen Ufern« sollte der Reisemobilist den Ort Mirow am gleichnamigen Mirower See ansteuern. Vom Stellplatz sind es nur wenige Schritte zur idyllischen Schlossinsel. Hier steht das barocke Schloss, das im Jahr 1752 errichtet wurde. Über eine kleine Brücke geht es zur Liebesinsel, wo man am besten zu zweit sitzt, über den See schaut und den Wassersportlern zuwinkt. Inmitten der kleinen Insel befindet sich das Grabmal von Adolf Friedrich VI., dem letzten Großherzog von Mecklenburg-Strelitz, der sich 1918 freiwillig vom Leben verabschiedete.

Wenn der Abend naht, sollte der Reisemobilist zum benachbarten Ort Wesenberg fahren. Geparkt und übernachtet wird auf dem modernen Wohnmobil-Stellplatz »Marina Wesenberg«, von dem man auf die Schiffe blickt, die über die Obere-Havel-Wasserstraße den Woblitzersee ansteuern oder Richtung Drewensee fahren. Ein Spaziergang führt in den kleinen Ort Wesenberg, der mit einer alten Burg, der Stadtkirche und einer rund 600 Jahre alten Linde aufwarten kann.

Über kleinere Straßen setzt man die Reise in Richtung Useriner See fort. An der Useriner Mühle lädt ein Platz an dem kleinen See zum Picknick und in Groß-Quassow ein Campingplatz zum Übernachten ein. Erneut ein Volltreffer, denn der Camping- und Ferienpark Havelberge am Woblitzsee lässt die Camperherzen höher schlagen. In einem parkähnlichen Gelände stellt man sein Reisemobil ab und kann das breit gefächerte Angebot nutzen. Wer schon immer mal mit dem Kanu lautlos durch das Wasser gleiten wollte, sollte sich hier ein Kanu mieten und sich nach Wesenberg aufmachen. Hier pausiert man am Wasserwander-Rastplatz, bevor man über den

Der »Campingplatz Pappelbucht« in Röbel befindet sich direkt an der Müritz (links). Das auf der Schlossinsel liegende Schloss Mirow ist von einem herrlichen Garten umgeben (rechts).

Von dem Turm der Marienkirche in Röbel hat man einen grandiosen Ausblick über den Müritzer Binnensee (links). In der Orangerie von Neustrelitz befindet sich heute ein Restaurant (rechts).

Woblitzersee zum Campingplatz zurückpaddelt. Nur wenige Kilometer ist der empfehlenswerte Platz von der schönen Stadt Neustrelitz entfernt.

HERZÖGLICHES NEUSTRELITZ

Der krönende Abschluss der Tour mit dem Reisemobil wird sicherlich der Besuch der Stadt Neustrelitz sein. Sie liegt am Rand des Neustrelitzer Seengebiets, einer ursprünglichen Seenlandschaft mit mehr als 300 Gewässern. Die interessante Stadt wurde im 18. Jahrhundert als Residenz der Herzöge von Mecklenburg-Strelitz gegründet. Zahlreich sind die prächtigen Bauwerke, allerdings existiert das herzogliche Schloss nicht mehr. Es brannte im Krieg aus und wurde abgetragen. Den prächtigen Schlossgarten mit der sehenswerten Orangerie und den kleinen Tempeln kann man noch bestaunen. Nebenan steht die imposante Schlosskirche.

Das Herz der Stadt schlägt am Markt, auf den strahlenförmig acht breite Straßen zulaufen. Hier stehen das farbenprächtige Rathaus und die eher nüchterne Stadtkirche, von der man aus 45 Metern Höhe jedoch einen herrlichen Ausblick hat. Geht man die Straße hinunter, erreicht man den Hafen. Hier wurden alte Speicher in moderne Wohnhäuser umgebaut, und im Erdgeschoss laden Restaurants zum Verweilen ein. Ein Fußweg führt an dem Zierker See entlang, der zur Neustrelitzer Kleinseenplatte gehört. Ein abendlicher Spaziergang bei untergehender Sonne sorgt für ein wehmütiges Gefühl, denn er läutet das Ende einer schönen und erholsamen Tour mit dem Reisemobil ein.

INFOS & ADRESSEN

STELLPLATZ: Stellplätze befinden sich unter anderem in Alt Schwerin, Gotthun, Jabel, Lenz-Süd. Malchin, Malchow, Neustrelitz, Mirow, Neubrandenburg, Plau am See, Röbel, Sembzin, Silz-Nossentin, Userin OT Groß Quassow, Wesenberg und Waren. Waren bietet gleich mehrere Stellplätze, direkt am Stadtrand, an der Uferpromade auf dem »Parkplatz am Hafen«: Strandstr. 3b, 17192 Waren, Tel. 03991/181 67 19, www.wohnmobile-mueritz.de, GPS 53°30‘43“N, 12°41‘11“E.

CAMPINGPLATZ: Viele naturnahe Campingplätze stehen bereit, zum Beispiel in Bad Stuer, Jabel, Malchow, Plau am See, Röbel und Waren. Ruhig, idyllisch und direkt am nördlichen Plauer See liegt »Camping am See« in Alt Schwerin: An den Schaftannen 1, 17214 Alt Schwerin, Tel. 039932/420 73, www.camping-alt-schwerin.de, GPS 53°31‘21“N, 12°19‘04“E.

INFOS: Tourismusverband Mecklenburgische Seenplatte e. V., Turnplatz 2, 17207 Röbel/Müritz, Tel. 039931/53 80, www.mecklenburgische-seenplatte.de

TIPP: Am Kölpinsee, auf der Halbinsel Damerower Werder, kann man in dem »Wisentreservat Damerower Werder« stattliche Wisente beobachten (www.wisentinsel.de) und Bären in dem Bärenwald Müritz in Struer (www.baerenwald-mueritz.de).

12 SCHWERIN

Märchenschloss und reizvolle Seen

Die Landeshauptstadt von Mecklenburg-Vorpommern trumpft mit einem grandiosen Schloss, einer vielseitigen Altstadt, prächtigen Bauwerken und einem umfassenden Angebot auf. Ein schöner See liegt direkt vor der Tür, und zum Prachtschloss von Ludwigslust ist es auch nicht weit.

Schwerin zählt rund 96 000 Einwohner und liegt reizvoll am Schweriner See. Aushängeschild der Stadt ist neben dem Schloss und der reizvollen Altstadt auch dank vieler Bühnen das reichhaltige kulturelle Angebot.

SCHLOSS UND ALTSTADT

Auf der Schlossinsel thront das atemberaubende Schloss, das 1857 vollendet wurde und wie ein riesiges Kunstwerk wirkt. Einst residierten hier die mecklenburgischen Herzöge. Heute dient es als Landtag und kann besichtigt werden. Lohnenswert ist neben einem Besuch der Ausstellung »Europäische Porzellane und höfische Malerei« ein kleiner Spaziergang rund um den Prachtbau, ein Weg führt durch den Burggarten. Dann sollte man hinüber in die barocke Parkanlage gehen. Hier steht das Reiterstandbild von Großherzog Friedrich Franz II., das 1883 aufgestellt wurde.

Vom Schloss ist es nur ein Katzensprung in die Innenstadt. Über die autofreie Schlossstraße schlendert man vorbei an Regierungsgebäuden in die Altstadt. Am Markt stehen bestens renovierte Bürgerhäuser, das Altstädtische Rathaus im Stil der Tudorgotik und das Neue Gebäude. Vorbei an diesem weißen Bauwerk mit klassizistischer Säulenhalle erreicht man den Dom, eine dreischiffige Backsteinbasilika. Er gehört zu den schönsten Kirchen der norddeutschen Backsteingotik und besticht durch sein wertvolles Inventar. Vom knapp 120 Meter hohen Kirchturm blickt man auf wei-

Das vom Schweriner See umgebene Schloss ist mit seinen vielen Türmen ein wahrer Augenschmaus.

tere sehenswerte Bauwerke wie das neustädtische Palais, den Marstall, das Staatstheater, das Staatliche Museum oder die St.-Nikolai-Kirche.

SCHWERINER SEE

Zum Stadtgebiet von Schwerin gehören immerhin zwölf Seen. Größter See ist mit rund 63 Quadratkilometern der Schweriner See, der zweitgrößte See Mecklenburg-Vorpommerns. Für die Schweriner und die vielen Gäste ist der See ein wichtiges Erholungsgebiet. Neben Baden und Relaxen an kleinen Buchten und Sandstränden bieten sich Wassersport und Schiffsausflüge an. Im südlichen Binnensee liegen die beiden Inseln Ziegelwerder und Kaninchenwerder.

SCHLOSSBESUCH IN LUDWIGSLUST

Etwas mehr als eine halbe Stunde (35 Kilometer) dauert es mit dem Wohnmobil, bis man das südliche Städtchen Ludwigslust erreicht. Hier stellt der Reisemobilist sein Gefährt auf dem Stellplatz neben dem Schloss ab und beginnt seinen Rundgang. 1776 wurde das prächtige spätbarocke Schloss fertiggestellt. Bis 1837 residierten hier die Herzöge, und nach 1945 lebte hier der abgedankte Großherzog Friedrich Franz IV. Nach der Besichtigung unter anderem des prunkvollen »Goldenen Saales« sollte man einen Spaziergang im weitläufigen Schlosspark unternehmen. Er gehört zu den schönsten Landschaftsgärten Deutschlands.

Wer Schwerin (rechts) besucht, sollte auch einen Ausflug zum Schloss Ludwigslust unternehmen (oben). Der Schweriner See ist ein beliebtes Naherholungsgebiet (unten).

INFOS & ADRESSEN

STELLPLATZ: Die Landeshauptstadt bietet gleich mehrere Stellplätze und auch in Ludwigslust steht das Reisemobil direkt am Schloss. Neben dem Parkplatz Altstadt (Grüne Straße) und dem Parkplatz am Hauptbahnhof bietet sich der Stellplatz an der Marina-Nord in Schwerin an. Er befindet sich am Nordufer des Heidensees: Buchenweg 19, 19055 Schwerin, Tel. 0385/51 26 54, www.marina-nord.de, GPS 53°38‘46“N, 11°26‘00“E.

CAMPINGPLATZ: Der Campingplatz »Ferienpark Seehof« befindet sich rund neun Kilometer nördlich am Schweriner See im Ort Seehof. Er ist bestens ausgestattet und verfügt über zwei Badebuchten und einen Bootsverleih: Am Zeltplatz 1, 19069 Seehof, Tel. 0385/ 51 25 40, www.ferienpark-seehof.de, GPS 53°41‘49“N, 11°26‘15“E.

INFOS: Tourist-Information Schwerin, Am Markt 14, 19055 Schwerin, Tel. 0385/592 52 12, www.schwerin.com

TIPP: Leinen los! Vom Schweriner See hat man einen anderen Blickwinkel auf das Schloss und die Stadt. Es lohnt sich also, ein Ruder- oder Segelboot zu mieten. Wer es ruhiger mag, kauft sich ein Ticket für die Ausflugsschiffe der »Weißen Flotte« (www.weisseflotteschwerin.de).

13 BREMEN

Rundgang in der Altstadt

Die Bremer Stadtmusikanten, das Rathaus, der Roland oder der SV Werder Bremen sind die Markenzeichen der Hansestadt an der Weser. Doch Bremen hat neben diesen Wahrzeichen noch wesentlich mehr zu bieten, zum Beispiel nette Kneipen und Restaurants im alten Schnoorviertel.

Die Freie Hansestadt Bremen ist die Landeshauptstadt des Bundeslandes Bremen (einschließlich Bremerhaven) und beheimatet 560 000 Menschen. Bekannt ist Bremen für seine schmucke Altstadt, seinen Kaffee und sein Bier. In den letzten Jahrzehnten hat sich die Universitätsstadt zu einem Hightech-Standort entwickelt. Damit verbunden ist auch die Eröffnung des Wissenschaftsmuseums Universum® Bremen. Die Stadt blickt auf eine mehr als 1200-jährige Geschichte zurück. 787 wurde sie von Karl dem Großen zum Bischofssitz erhoben, 1358 trat sie dem Hansebund bei und wurde 1646 Freie Hansestadt. Im Zweiten Weltkrieg wurden 62 Prozent der Stadt zerstört, im Zentrum stößt man daher nur vereinzelt auf historische Bausubstanz.

FREUNDLICHE ALTSTADT

Das Herz der Stadt schlägt am Marktplatz mit den alten Kaufmannshäusern, dem Rathaus, dem Haus der Bremer Bürgerschaft und der 5,55 Meter hohen Rolandstatue. Letztere wurde 1404 gefertigt und ist ein Sinnbild der Stadtfreiheit und der Gerichtsbarkeit. Sie steht unmittelbar vor dem Rathaus, einem grandiosen gotischen Backsteinbau, der 1410 vollendet wurde. Der Roland und das Rathaus wurden im Jahr 2004 in die UNESCO-Weltkulturerbe-Liste aufgenommen. An der Seite des Rathauses steht eine Statue (1951), die an die legendären Bremer Stadtmusikanten erinnert. Nur wenige Schritte sind es zum St.-Petri-Dom, dessen Türme sich 98 Meter in

Das beeindruckende Bremer Rathaus gehört zum UNESCO-Weltkulturerbe.

den Himmel strecken. Sehenswert ist auch die nahe Liebfrauenkirche aus dem 13. Jahrhundert mit ihren mittelalterlichen Wandmalereien.

ABSEITS VON RATHAUS UND ROLAND

Ein schöner Bereich erstreckt sich um die große Wallmühle. Südlich und westlich wird das Stadtzentrum, das ursprüngliche Bremen, von der Weser begrenzt. Freude bereitet es, an der Weserpromenade das Treiben auf dem immerhin 452 Kilometer langen Fluss (mit Werra 752 km) zu beobachten und zu flanieren. Hierbei passiert man unter anderem das Theaterschiff, eine von vielen Bremer Bühnen und den Martinianleger, an dem die Ausflugsschiffe ablegen.

BÖTTCHERSTRAẞE UND SCHNOORVIERTEL

Vom Marktplatz geht es vorbei an dem Renaissancebau Schütting und dem »Haus der Bürgerschaft« von 1966 in die Böttcherstraße. Diese enge Gasse führt vorbei an bedeutenden Backsteinbauten. Zu bestaunen gibt es auf engstem Raum das vergoldete Relief »Glücksbringer« am Eingangstor, die Kunstmuseen Paula Modersohn-Becker Museum und Roselius-Haus sowie ein Glockenspiel aus Meißener Porzellan. Die gleiche Idylle erlebt der Besucher im Schnoorviertel, dem ältesten Viertel Bremens. Hier reihen sich kleine Häuser aus dem 15. und 16. Jahrhundert aneinander. Künstler, Goldschmiede und Galeristen betreiben hier Handel. Kleine Restaurants laden zur Einkehr ein.

Mitten im Grünen steht die Mühle am Wall (oben links). Der Marktplatz erstreckt sich direkt vor dem Rathaus (unten links) und nur wenige Schritte sind es zu den Bremer Stadtmusikanten (oben rechts). Sehr reizvoll ist das Schnoorviertel mit seinen kleinen Häusern (unten rechts).

INFOS & ADRESSEN

STELLPLATZ: Ein perfekter Stellplatz ist der »Reisemobil-Stellplatz Am Kuhhirten«. Er liegt im Grünen auf der Weserinsel Werder und dennoch nahe am Stadtzentrum (ca. 1,5 km). Die Stellplätze sind eben und hohe Bäume spenden Schatten: Kuhhirtenweg, 28201 Bremen, Tel. 0173/985 00 92, www.stellplatz-bremen.de, GPS 53°03'54"N, 8°49'07"E.

CAMPINGPLATZ: Der KNAUS Campingplatz Oyten liegt an einem Badesee östlich von Bremen (ca. 15 km): Oyter See 1, 28876 Oyten, Tel. 04207/2878, www.knauscamp.de, GPS 53°2'50"N, 9°0'13"E.

INFOS: Bremer Touristik-Zentrale, Findorffstr. 105, 28215 Bremen, Tel. 0421/308 00 10, www.bremen-tourismus.de

TIPP: Bremen bietet viele tolle Museen wie das Überseemuseum, die Weserburg – Museum für moderne Kunst oder die Kunsthalle Bremen. Eine Attraktion ist das Wissenschaftsmuseum Universum® Bremen in der Form einer riesigen Muschel (oder eines Wales?). Im Inneren dreht sich alles rund um die Themen Erde, Mensch und Kosmos (www.universum-bremen.de).

14 BREMERHAVEN

Imposante Hafenmetropole

Die Stadt Bremerhaven verfügt über Häfen der Superlative und gute Stellplätze. Hier schnuppert der Reisemobilist den Duft der weiten Welt und erfährt im Deutschen Auswanderermuseum, warum es so viele Menschen in die Ferne zog.

Von dem Stellplatz an der Doppelschleuse sind es nur wenige Gehminuten bis zum Zentrum der Hafenstadt, die auch für ihre renommierten Meeres- und Polarforschungsinstitute (Alfred-Wegener-Institut) bekannt ist. Bremerhaven ist zwar 60 Kilometer von Bremen entfernt, bildet aber dennoch mit der Hansestadt ein Bundesland. Im Zweiten Weltkrieg wurde Bremerhaven durch Bombenangriffe stark zerstört. So erlebt der Besucher eine moderne Stadt, die im Zentrum mit hypermodernen Bauwerken aufwarten kann.

GESCHÄFTIGER HAFEN

1827 wurde an der Wesermündung der »Bremer Haven« gegründet, der sich zum größten Fischereihafen auf dem europäischen Festland entwickelt hat. Gleichermaßen bedeutsam ist der Überseehafen, der größte europäische Autoverladehafen. Auf großen Flächen und in mehrstöckigen Parkhäusern parken Autos. Die unzähligen Container im Schatten der Verladekräne prägen das Bild des geschäftigen Hafens. Im südlichen Fischereihafen sollte man dem »Schaufenster Fischereihafen« mit Entertainment und Gastronomie und dem nebenan gelegenen Meeresaquarium Atlanticum einen Besuch abstatten.

IM SCHATTEN VON SAILCITY

In den letzten Jahrzehnten hat sich das Bild des maritimen Zentrums von Bremerhaven stark verändert.

Die sehenswerte Erlebnismeile Havenwelten ist nur wenige Hundert Meter von der Innenstadt Bremerhavens entfernt.

Insbesondere durch den Bau des Atlantic Hotels Sail City erhielt die Silhouette ein mondänes Bild. Sichelförmig streckt sich der Bau in die Höhe und bietet mit der Aussichtsplattform (86 Meter) einen »Höhepunkt« bei der Stadterkundung. Nördlich erstreckt sich der Alte Hafen mit einer schönen Promenade am Hafenbecken entlang. Man gelangt zum Zoo am Meer, in dem vornehmlich nordische Arten leben. Am Alten Hafen steht mit moderner Hülle das Deutsche Auswanderermuseum, das umfassend über die sieben Millionen Auswanderer informiert, ihr Hauptziel waren die USA.

HAVENWELTEN MIT V

Das Auswanderermuseum und die Gebäudekomplexe Atlantic Hotel Sail City, das MEDITERRANEO, das Schifffahrtsmuseum und das Klimahaus bilden zusammen die Havenwelten. Sehr lehrreich ist neben dem Historischen Museum Bremerhaven auch ein Besuch des Schifffahrtsmuseums, das anschaulich über die Geschichte der deutschen Kriegs- und Handelsmarine sowie die Polar- und Meeresforschung informiert. Vor dem Museumsbau liegt der Museumshafen mit beachtlichen Schiffen wie dem U-Boot »Wilhelm Bauer« oder dem Dreimastschoner »Seute Deern«. Nebenan befindet sich das moderne Einkaufszentrum MEDITERRANEO mit spitzer Glaskuppel. Hier schließt sich auch das Klimahaus® 8°Ost an. In dem ultramodernen Glasbau reist der Besucher durch die Klimazonen der Welt.

Der »Reisemobilhafen an der Doppelschleuse« (unten links) ist rund zwei Kilometer vom Zentrum (oben links) und dem MEDITERRANEO (oben rechts) entfernt. Idyllische Stimmung an der Wesermündung (unten rechts).

INFOS & ADRESSEN

STELLPLATZ: Am »Schaufenster Fischereihafen« (Hoebelstraße/Fischkai) befindet sich ein Stellplatz. Ein weiterer ist der »Reisemobilhafen an der Doppelschleuse«, nur wenige wenige Gehminuten von den Havenwelten entfernt: An der Neuen Schleuse 15, 27570 Bremerhaven, Tel. 0471/80 93 61 51, www.bremerhaven.de, GPS 53°31'56"N, 8°34'34"E.

CAMPINGPLATZ: Rund zehn Kilometer nördlich von Bremerhaven im Nordseebad Wremen befindet sich der Campingplatz »Am Wremer Tief«, direkt am Deich, 50 Meter sind es zum Meer: Am Wremer Tief 11, 27639 Wurster Nordseeküste, Tel. 04705/409, www.campingplatz-wremen.de, GPS 53°38'45"N, 8°29'40"E.

INFOS: Tourist-Info Hafeninsel, H.-H.-Meier-Str. 6, 27568 Bremerhaven, Tel. 0471/41 41 41, www.bremerhaven.de

TIPP: Eine Fahrt durch den Überseehafen lohnt sich! Mittendrin steht eine Aussichtsplattform, die aus aufgetürmten Containern besteht. Wer den Hafen aus nächster Nähe erleben möchte, dem sei eine Hafenrundfahrt mit dem HafenBus oder dem Schiff empfohlen (auch Fischereihafen).

15 CUXHAVEN

Niedersachsens nördlichste Stadt

Die geschäftige Hafenstadt Cuxhaven liegt am äußersten Elbufer. Von den Stränden hat man die vielen Ozeanriesen im Blick. Wer hier selber eine Schifffahrt mitmachen möchte, stößt auf ein großes Angebot. Das größte Kurbad an der Nordsee bietet jedoch viel mehr!

Cuxhaven ist ein idealer Ausgangspunkt, um das Wattenmeer, das sogar in die UNESCO-Weltnaturerbe-Liste aufgenommen wurde, hautnah kennenzulernen. Reizvolle Ausflüge mit dem Rad bieten sich ebenfalls an. Wie wäre es mit ausgiebigen Spaziergängen an der Küste? Möglich ist auch das Kurieren und Entspannen im »Thalassozentrum ahoi«. Wer gerne Entdeckungen auf eigene Faust unternimmt, kann die vielen Sehenswürdigkeiten im Bereich des großen Hafens unter die Lupe nehmen. Für den Reisemobilisten wird auf jeden Fall das passende Angebot dabei sein. Zum Glück stehen mehrere Campingplätze und Stellplätze als Ausgangspunkte bereit. Selbst ein Ausflug nach Helgoland ist möglich. Auf Anhieb merkt der Gast, dass der Fremdenverkehr in Cuxhaven eine lange Tradition hat, denn bereits im Jahr 1816 gründete der Amtmann Amandus August Abendroth das Seebad Ritzebüttel. Im Laufe der Geschichte der rund 49 000 Einwohner zählenden Stadt mauserte sich Cuxhaven zu einer lebendigen Fähr- und Hafenstadt. 1872 wurden Ritzebüttel und Cuxhaven zusammengelegt, 1907 wurden die Stadtrechte verliehen, 1908 wurde der Fischereihafen und 1914 der Überseehafen eröffnet. Bis zum Jahr 1937 gehörte die Stadt zu Hamburg. Heute präsentiert sich Cuxhaven, mit der einzigen deutschen Fährverbindung nach England, als beliebtes Touristenziel. Die mitunter als »Kurhaven« betitelte Stadt bietet entlang der Ortsteile Sahlenburg, Döse und Duhnen auf einer Länge von rund elf Kilometern erholsame Grün- und

Im Hafen von Cuxhaven tummeln sich unterschiedliche Schiffe.

Sandstrände. Hier kann man es sich mit oder ohne Strandkorb richtig gemütlich machen.

AUF ZUM HAFEN

Es bereitet viel Freude, durch den Hafen zu schlendern. Dann geht man gerne zielstrebig zur Hafenspitze »Alte Liebe«. Von der Aussichtsplattform kann man bestens die ein- und auslaufenden Schiffe beobachten. Nebenan steht der hohe Radarturm mit dem Schiffsmeldedienst. Nur wenige Schritte sind es zum intakten Feuerschiff »Elbe 1«, das 1988 in den Ruhestand ging, jedoch noch für Ausflüge genutzt wird. Am Hafen steht auch der 23 Meter hohe Backstein-Leuchtturm, der 1803 gebaut wurde. Ein weiterer besonderer Turm am Ende des Alten Fischereihafens ist der markante Wasserturm. Wer sich Schiffe mal im Miniaturformat ansehen möchte, sollte das Schiffsmuseum im Stadtteil Duhnen besuchen. Hier kann man auch das größte Buddelschiff der Welt bestaunen. Eine weitere Kuriosität in Duhnen ist das alljährlich im Juli ausgetragene Watt-Derby, das weltweit einzige Pferderennen im Watt.

SEHENSWERTES ABSEITS DES HAFENS

Wenige Hundert Meter abseits der Kaimauern locken im Zentrum Attraktionen wie das Joachim Ringelnatz Museum, das Schloss Ritzebüttel aus dem 14. Jahrhundert oder das Stadtmuseum. Auch die Einkaufsmöglichkeiten sind gut. Nicht versäumen sollte man das Einkehren in einem der vielen Restaurants.

Der »Hamburger Leuchtturm« gehört zu den Wahrzeichen Cuxhavens (rechts). Zu jeder Jahreszeit ist der Strand bei Cuxhaven ein besonderer Fleck (oben). Der Stellplatz am Fährhafen (unten).

INFOS & ADRESSEN

STELLPLATZ: Ein perfekter Stellplatz befindet sich am Fährhafen. Hier stehen rund 100 Stellflächen auf einem ebenen, gepflasterten Platz zur Verfügung. Mit Glück ergattert man einen Platz mit Meerblick: Am Fahrhafen, 27472 Cuxhaven, Tel. 04721/5000, www.tourismus.cuxhaven.de, GPS 53°52'33"N, 8°42'13"E.

CAMPINGPLATZ: Rund um Cuxhaven stehen mehrere Campingplätze bereit. Nördlich vom Zentrum, im Ortsteil Duhnen, gibt es fünf Campinganlagen. Gut steht man auf den Plätzen »Wattenlöper«: Cuxhavener Str. 57, 27476 Cuxhaven, Tel. 04721/426051, www.wattenloeper.de, GPS 53°53'12"N, 8°39'04"E und »Campingplatz Nordsee«: Cuxhavener Str. 17, 27476 Cuxhaven, Tel. 04721/48951, www.camping-nordsee-cuxhaven.de, GPS 53°53'12"N, 8°39'04"E

INFOS: CUX-Tourismus GmbH, Cuxhavener Str. 92, 27476 Cuxhaven, Tel. 04721/404200, www.tourismus.cuxhaven.de

TIPP: Von Cuxhaven lohnen sich lange Spaziergänge oder eine Tour mit dem Rad entlang der Küste zum Seebad Duhnen. Das Watt, den Strand und die Strandkörbe hat man dabei immer im Blick!

16 OSTFRIESLAND

Salzwiesen, Wattenmeer, Deiche und Idylle pur

Im Nordwesten Deutschlands ändert sich mit dem Gang der Gezeiten das Landschaftsbild. So blickt der Reisemobilist von den schützenden Deichen über das Watt oder sieht, wie die Wellen bis zu den Salzwiesen vordringen. In Ostfriesland herrscht Idylle pur.

Das beliebte Urlaubsziel Ostfriesland erstreckt sich im äußersten Nordwesten von Niedersachsen. Umgeben ist es im Westen vom Dollart, im Norden vom Wattenmeer und den Ostfriesischen Inseln und im Osten vom Jadebusen. Das Angebot an Stell- und Campingplätzen ist ebenso vorbildlich wie das Radwegenetz. Neben Radfahren bieten sich Wattwanderungen oder das für die Region typische Boßeln an. Für Entspannung sorgt das Bad OceanWave in Norddeich.

DAS WATTENMEER ENTDECKEN

Das Wattenmeer wurde als »Nationalpark Niedersächsisches Wattenmeer« unter besonderen Schutz gestellt. Auf einer Fläche von 3450 Quadratkilometern umfasst es auch die vorgelagerten Inseln. Diese weltweit einzigartige Landschaft verfügt über eine besondere Flora und Fauna (UNESCO-Weltkulturerbe). Eine geführte Wattwanderung ist ein Muss. Hierbei erfährt man viel über das reiche Leben im Schlick. Auf der anderen Seite des Deichs ist das fruchtbare Marschland mit den vielen Entwässerungsgräben und Kanälen eine ebenfalls besondere Landschaft.

GEMÜTLICH UND URIG

»In Aurich sind 'se traurig, in Leer noch viel mehr«, so lautet ein nicht zutreffendes Sprichwort. Der Reisemobilist kann sich in den beiden interessanten Städtchen mit ihren schönen Altstädten vom Gegenteil

Am Hafen von Carolinensiel mit seinen Fischkuttern können Gäste Seeluft schnuppern.

überzeugen. In Leer sollte man sich die betagten Museumsschiffe, die am Kai der Ems festgemacht haben, anschauen. Danach geht es in die Altstadt mit dem schmucken Rathaus und den makellosen Backsteinbauten im niederländischen Frühbarockstil. Interessant ist ein Besuch des Teemuseums. Bier wird auch in Jever ausgeschenkt. Kein Wunder, denn die Jever Brauerei läuft hier auf Hochtouren. »Friesisch herb« geht es auch in Greetsiel zu. Hier weht den Fischern ein rauer Wind um die Nase, wenn die farbenfrohen Kutter die Leybucht verlassen. Die nostalgischen Kutter in dem rund 600 Jahre alten Hafen gehören ebenso wie die alten Giebelhäuser zu den schönsten Fotomotiven. Besonders malerisch präsentieren sich die kleinen Sielorte wie Hooksiel, Carolinensiel, Harlesiel oder Neuharlingersiel.

EMDEN UND WILHELMSHAVEN

Der Komiker Otto Waalkes hat durch seine Ostfriesenwitze nicht nur die Region, sondern auch mit dem »Otto Hus« seine Heimatstadt Emden geprägt. Ebenfalls sehenswert sind das alte Rathaus, die Emdener Kunsthalle und das Leuchtfeuerschiff »Amrumbank«, das heute als Museumsschiff dient. Im Mai locken die Emdener Matjestage viele Besucher an.

Über mangelnde Besucherzahlen kann sich auch die Marinestadt Wilhelmshaven nicht beklagen. Hier bummelt der Gast durch moderne Geschäftsstraßen und Passagen im Zentrum oder besucht das Deutsche Marinemuseum und das lehrreiche Meeresmuseum OCEANIS.

Ein Highlight im Kalender von Norddeich ist das internationale Drachenfest (oben rechts). Vielerorts werden geführte Wattwanderungen angeboten (oben links). Etwa ausgehend vom Stellplatz in Harlesiel (unten links) bieten sich Radtouren am Deich an (unten rechts).

INFOS & ADRESSEN

STELLPLATZ: Stellplätze befinden sich unter anderem in Aurich-Middels, Bad Zwischenahn, Blomberg, Dornum-Dornumersiel, Emden, Esens, Greetsiel, Harlesiel, Hooksiel, Horumersiel, Jever, Krummhörn, Leer, Neuharlingersiel, Norddeich, Papenburg, Remels, Schortens, Wangerland, Wiesmoor, Wilhelmshaven und Wittmund. Direkt am Jadebusen steht man in Wilhelmshaven auf dem Fliegerdeich: 26382 Wilhelmshaven, Tel. 04421/91 30 00, www.wilhelmshaven-touristik.de, GPS 53°30‘37“N, 8°7‘41“E.

CAMPINGPLATZ: Campingplätze sind zahlreich! Ein empfehlenswerter Campingplatz ist etwa der strandnahe Campingplatz »Harlesiel«: Schwerinsgroden 1, 26409 Nordseebad Carolinensiel-Harlesiel, Tel. 04464/94 93 98, www.carolinensiel.de, GPS 53°42‘27“N, 7°48‘16“E.

INFOS: Ostfriesland Tourismus GmbH, Ledastr. 10, 26789 Leer, Tel. 0491/91 96 96 60, www.ostfriesland.de

TIPP: In der Vorweihnachtszeit lohnt sich ein Besuch des Weihnachtsmarktes in Emden. Sogar auf dem Feuerschiff wird Glühwein ausgeschenkt (www.emden-touristik.de).

17 STEINHUDER MEER

Kleiner See, ganz groß

Zugegeben, das Steinhuder Meer hält dem Vergleich mit einem großen Gewässer nicht stand. Allerdings werden hier Erholung und Gemütlichkeit großgeschrieben. Der flache See und das nette Örtchen Steinhude mit dem tollen Stellplatz sind allemal eine Reise wert.

In Niedersachsen, westlich der Landeshauptstadt Hannover, erstreckt sich das Steinhuder Meer, das nach der letzten Kaltzeit vor rund 14 000 Jahren entstanden ist. Mit einer Fläche von etwa 32 Quadratkilometern ist er der größte See im Nordwesten Deutschlands und für viele Bürger Hannovers ein beliebter Naherholungsraum. Dank des gut ausgestatteten und am Rande von Steinhude gelegenen Stellplatzes zieht es auch Reisemobilisten aus der ganzen Republik an den See. So mancher würde hier sicherlich seine Landjacht gegen ein Segelboot eintauschen, denn das Gewässer gehört zu den schönsten Segelrevieren im Norden Deutschlands. Natürlich kann man vielerorts auch Boote ausleihen und so den mitunter nur rund eineinhalb Meter tiefen See aus einem anderen Blickwinkel kennenlernen. Wer weder mit dem Segel- noch dem Tretboot den See entdecken möchte, wird sicherlich einen Ausflug mit dem Passagierschiff unternehmen. Viele Schiffe legen in Steinhude und Mardorf ab. Sie steuen auch die Inselfestung Wilhelmstein an. Die zwischen 1761 und 1767 errichtete Festung diente einst als Kadettenschule und Militärgefängnis und ist heute ein Museum.

SEEMETROPOLE STEINHUDE

Das freundliche Dorf Steinhude am südöstlichen Ufer hat sich vom Fischerdorf zu einem lebendigen Touristenstädtchen gewandelt. Steinhude bietet einen schmucken Ortskern mit ansehnlichen Fachwerkhäu-

Ein idyllischer Ort am Steinhuder Meer ist das am Südufer befindliche Steinhude.

sern, stattlicher Kirche, guten Einkehrmöglichkeiten, einer aussichtsreichen Promenade und Schiffsausflügen. Sehenswert sind die 13 denkmalgeschützten Fachwerkscheunen im Steinhuder Scheunenviertel. Hier stößt man unter anderem auf die Touristeninformation, Gastronomie und nette Läden. Zu den Attraktionen im Sommer zählt beispielsweise das festliche Wochenende »Steinhuder Meer in Flammen« (Ende August), im Winter lockt das »Eissegeln« Besucher an.

STEINHUDER RAUCHAAL

Ebenfalls angesagt ist der berühmte Steinhuder Rauchaal, den man probieren sollte. Gerade in dem Hauptort Steinhude tummeln sich die Lokale und Buden, die Fischspezialitäten anbieten. Gestärkt kann man rund um den See in die Pedale treten und so den Aktionsradius vergrößern. Ein 34 Kilometer langer Radweg führt rund um den See. So entdeckt man idyllische Landschaften wie Moore, Dünen, Wiesen, Felder und Wälder. Wer nach Münchehagen radelt, kann in dem Dinosaurier Freilichtmuseum die Zeit rund 130 Millionen Jahre zurückdrehen, hier können immerhin 250 Dino-Rekonstruktionen bestaunt werden. In Loccum bietet sich eine Besichtigung des ehemaligen Zisterzienserklosters an. In Mardorf steht man beeindruckt am großen Jachthafen, der immerhin rund 2000 Liegeplätze bietet. Insgesamt verfügt das Steinhuder Meer über beachtliche 3000 Liegeplätze für Sportboote. Bekannt ist Mardorf auch für den großen Badestrand »Weiße Düne«. Hier kann man bestens ausspannen!

Der Steinhuder Stellplatz (oben) ist nur wenige Gehminuten vom Steinhuder Scheunenviertel (rechts) entfernt. Skulpturen schmücken die Promenade von Steinhude, etwa »Tanz der Winde« (unten).

INFOS & ADRESSEN

STELLPLATZ: In Mardorf (Nordufer) und in Steinhude (Südufer) stehen Stellplätze zur Verfügung. Der empfehlenswerte große Stellplatz in Steinhude liegt am Rande des Zentrums und ist sehr gut ausgestattet. Er bietet ebene Plätze auf Schotterrasen und ein Sanitärgebäude: Bruchdamm, 31515 Wunstorf-Steinhude, Tel. 05033/950 10, www.steinhuder-meer.de, GPS 52°26‘56“N, 9°21‘15“E.

CAMPINGPLATZ: Der Campingplatz Mardorf liegt direkt am »Meer« und bietet natürlich Bademöglichkeiten sowie Verleih von Fahrrädern und SUP-Boards: Uferweg 68, 31535 Neustadt OT Mardorf, Tel. 05036/529, www.camping-steinhuder-meer.de, GPS 52°29‘25“N, 9°19‘15“E.

INFOS: Tourist-Info Steinhude, Meerstr. 15–19, 31515 Wunstorf-Steinhude, Tel. 05033/950 10, www.steinhuder-meer.de

TIPP: Für Alt und Jung bietet sich der Klettergarten SeaTree in Mardorf an. Dieser Waldseilgarten verfügt über 27 Kletterstationen und gehört zu den schönsten seiner Art in Deutschland (www.seatree.de).

Die Reichtagskuppel gehört zu den meistbesuchten Sehenswürdigkeiten in Berlin.

18 BERLIN

Im Herzen der Hauptstadt

Brandenburger Tor, Reichstag, Ku'damm, Sony Center, Potsdamer Platz, East-Side-Gallery, Zoologischer Garten, Schloss Charlottenburg, Alexanderplatz, Stadtschloss im Bau, Unter den Linden, Kaiser-Wilhelm-Gedächtniskirche, Holocaust-Mahnmal, Museumsinsel, Bundeskanzleramt, Siegessäule, Gendarmenmarkt, Nikolaiviertel, Tiergarten, Jüdisches Museum, Naturkundemuseum und vieles mehr gibt es in Berlin zu sehen. Auf nach Berlin – am besten mit dem Wohnmobil!

Wenn der Ruf »Berlin, Berlin, wir fahren nach Berlin« durch die Fußballstadien schallt, wird vielleicht so mancher Reisemobilist über eine Wohnmobilreise in die Hauptstadt nachdenken. Dank zentraler Stellplätze und schöner, naturnaher Campingplätze vor den Toren Berlins lohnt sich ein Trip mit dem Reisemobil. Mit den öffentlichen Verkehrsmitteln oder mit dem Fahrrad geht es dann auf Entdeckungstour. Am besten plant man gleich mehrere Tage ein, denn das kulturelle Angebot ist unschlagbar, und wenn man mit seinem rollenden Hotelzimmer erst einmal Quartier bezogen hat, kann man den Besuch der 3,8 Millionen Einwohner zählenden Metropole gelassen angehen.

An manchen Orten ist von Gelassenheit keine Spur. Rund um das Brandenburger Tor herrscht stets ein großes Getümmel, sodass sich mancher gelangweilt in der Schlange vor dem Reichstag wiederfindet. Wer Ruhe und lauschige Flecken sucht, wird ebenfalls fündig. So legt man sich wie die Berliner auf die Wiese in den Tiergarten, der grünen Lunge, oder unternimmt einen Ausflug zum Müggel- oder Wannsee.

Berlin hat viele Gesichter, schläft nie und hat so viele Facetten wie nur wenige Städte Europas. Natürlich sind die Tage in Berlin lang, denn am Abend lockt die Gastronomie oder das umfassende Entertainment-Programm. Zahlreich sind auch die Sportveranstaltungen in der Stadt. Im besuchenswerten Olympiastadion ist der Fußball-Bundesligist Hertha BSC Berlin zu Hause.

ERST EINMAL EINEN ÜBERBLICK VERSCHAFFEN

Natürlich strömen die meisten Besucher zum Brandenburger Tor, dem Wahrzeichen Berlins und dem Sinnbild des wiedervereinigten Deutschlands. Zu Beginn des Stadtrundgangs lohnt ein Blick aus der Vogelperspektive! Dazu geht es zum Potsdamer Platz, an dem sich das Hochhaus mit dem Panoramapunkt befindet. Mit dem schnellsten Aufzug Europas geht es in die 24. Etage. Aus einer Höhe von 100 Metern bietet sich ein toller Rundumblick. Höher hinaus geht es auf dem Berliner Fernsehturm (353 Meter) am berühmten Alexanderplatz. Er bietet einen Ausblick aus 203 Metern. Zu seinen Füßen, im Ostteil Berlins, gibt es gleich jede Menge zu entdecken.

BERLIN-MITTE

Der Schatten des 1969 errichteten Fernsehturms fällt auf den berühmten Alexanderplatz. Der sozialkritische Roman »Berlin Alexanderplatz« von Alfred Döblin machte diesen Platz über die Stadtgrenzen hinaus bekannt. Am »Alex« steht die Weltzeituhr, ein beliebter Treffpunkt. Rund um den Platz reihen sich große Kaufhäuser, Kinos und Gastronomie. Östlich vom Brandenburger Tor, in Berlin-Mitte, herrschte zu Zeiten der DDR bauliche Tristesse. Nach der Wende wurden viele Bauwerke umfangreich renoviert oder gar abgerissen. Das prominenteste Beispiel ist der asbestbelastete Palast der Republik. Dieser als »Erichs Lampenladen« betitelte Regierungsbau fiel der Abrissbirne zum Opfer. Er musste weichen für ein kostenintensives ambitioniertes Bauprojekt, den Nachbau des imposanten Stadtschlosses. Nur wenige Schritte sind es zum DDR-Museum und den Anlegern der Ausflugsschiffe, die über die Spree schippern und vom Deck einen anderen Blickwinkel bieten.

Rund um das neue Stadtschloss tummeln sich viele Prachtbauwerke wie der Berliner Dom, mit dessen Bau man erst 1894 begann. In der Nachbarschaft befinden sich die grandiosen Museen Pergamonmuseum (wird derzeitig umgebaut), Bode-Museum,

Der Dom zählt zu den schönsten Sakralbauten Berlins (links). Die evangelische Marienkirche befindet sich im Park am Fernsehturm in Berlin-Mitte (rechts).

Nationalgalerie, Neues Museum und Altes Museum. Sie verteilen sich auf der von Spreekanal und Kupfergraben umflossenen Museumsinsel, die in die bedeutende UNESCO-Weltkulturerbe-Liste aufgenommen wurde. Die weitere Liste an Prachtbauwerken ist lang. Dazu gehören die Neue Wache, das Zeughaus oder die Bauten am Bebelplatz.

Nicht versäumen sollte man den Besuch des Gendarmenmarkts, an dem sich der Französische Dom und der Deutsche Dom in identischer Architektur gegenüberstehen. Dazwischen befinden sich das Schauspielhaus von 1821 mit großer Freitreppe und ein Schiller-Denkmal. Das imposante Bauwerk schuf wie viele andere der berühmte Architekt Karl Friedrich Schinkel (1781–1841), dessen Grab man neben vielen anderen Persönlichkeiten (u. a. Johannes Rau, Bert Brecht, Heinrich Mann) auf dem zentralen Dorotheenstädtischen Friedhof besuchen kann.

HISTORISCHES NIKOLAIVIERTEL

Vom Alexanderplatz sind es nur wenige Gehminuten zum netten Nikolaiviertel, der Keimzelle Berlins. Hier erinnert nichts mehr an die Ruinenlandschaft zu Beginn der 1980er-Jahre. Seit dem Wiederaufbau läuft man durch eine idyllische Altstadt, in der urige Kneipen, Brauhäuser und Straßenrestaurants zum Verweilen einladen. Inmitten des Viertels ragt die zweitürmige, spätgotische Nikolaikirche in die Höhe. Vorbei an dem Roten Rathaus, in dem der Regierende Bürgermeister die Geschicke der Stadt lenkt, geht es zur Marienkirche, die über ein 20 Meter langes Totentanzfresko verfügt.

RUND UM DAS BRANDENBURGER TOR

Sicherlich gibt es keinen Berlinbesucher, der selbst bei einem erneuten Besuch nicht das Brandenburger Tor ansteuert. Für viele geht es dann über die 1400 Meter lange Prachtstraße »Unter den Linden«, vorbei an Prachtbauten, Restaurants, Botschaften, Geschäften und exklusiven Autohäusern, zum Pariser Platz. Hier stehen das berühmte Hotel Adlon, die bestens bewachte amerikanische Botschaft und schließlich das Brandenburger Tor. 1791 wurde es im neoklassizistischen Stil errichtet und stand bis Dezember 1989

Die Weltzeituhr am Alexanderplatz ist ein beliebter Treffpunkt (links). Das Nikolaiviertel ist das älteste Wohnviertel Berlins (rechts).

für 28 Jahre abgeriegelt im Mauerstreifen. Auf dem 26 Meter hohen Bauwerk steht die Quadriga.

Einen Steinwurf entfernt befinden sich die Regierungsbauten, unter denen der Reichstag die Hauptattraktion ist. Hier debattiert der Deutsche Bundestag, und vor dem 1894 fertiggestellten Bauwerk legen Besucher auf der Wiese eine Pause ein. Sie blicken auf die Inschrift »Dem deutschen Volke« und die mächtige Glaskuppel, die Sir Norman Foster entwarf. Im Jahr 1995 wurde der Reichstag von dem Künstlerpaar Christo und Jeanne-Claude komplett verhüllt. Gegenüber steht das moderne Bundeskanzleramt und nebenan das Paul-Löbe-Haus mit einer riesigen Glasfront. Jenseits der Spree begeistert die progressive Architektur des Marie-Elisabeth-Lüders-Hauses.

UNTERHALTSAM UND ERNST

Der deutschen Hauptstadt könnte man mehrere Bände widmen. Natürlich ist das kulturelle Angebot durch hochrangige Museen und viele Bühnen nahezu unbegrenzt. Wer abends gut speisen möchte, kann die Küchen aus aller Herren Länder kennenlernen. Zweifelsfrei ist die Messe- und Universitätsstadt auch ein gutes Pflaster für Einkaufslustige, die es zum Kurfürstendamm zieht. Nicht versäumen sollte man den Besuch des hypermodernen Sony Centers am Potsdamer Platz mit seiner raffinierten Glasüberdachung. Hier präsentieren Hollywoodgrößen gerne ihre neuen Kinofilme.

Neben dieser unterhaltsamen Seite zeigt sich Berlin auch ernst und mahnend. Damit sind nicht nur die Mauerreste gemeint, sondern die fußläufig gut zu erreichenden »Mahnmale« wie der Checkpoint Charlie, das Holocaust-Mahnmal, das Jüdische Museum oder das Dokumentationszentrum »Topografie des Terrors«.

Auf dem Brandenburger Tor steht die Quadriga (oben). Auf dem Stellplatz »Wohnmobil-Oase-Berlin« stehen die Reisemobile recht zentral (rechts). Der Mauerpark ist für viele Musiker ein beliebter Auftrittsort (unten).

INFOS & ADRESSEN

STELLPLATZ: Berlin bietet gleich mehrere Stellplätze. Sie befinden sich unter anderem in den Berliner Stadtteilen Köpenick (3), Spandau (2) und Tegel. Ein idealer Ausgangspunkt für den mehrtägigen Stadtbesuch ist der neue Stellplatz »Wohnmobil-Oase-Berlin«: Hochstr. 4, 13357 Berlin, Tel. 0175/246 62 47, www.wohnmobil-oase-berlin.com, GPS 52°32‘17“N, 13°22‘20“E.

CAMPINGPLATZ: Auch Campingplätze bietet die Hauptstadt. Sie liegen in Gatow, Kladow, Köpenick und Spandau. Empfehlenswert ist der ganzjährig geöffnete Campingplatz »Krossinsee« südöstlich von Berlin am Krossinsee nahe der Ortschaft Schmöckwitz. Hier steht das Reisemobil eben unter hohen Bäumen: Wernsdorfer Str. 38, 12527 Berlin, Tel. 030/675 86 87, www.campingplatz-berlin.de, GPS 52°22‘13“N, 13°41‘04“E.

INFOS: VisitBerlin, Am Karlsbad 11, 10785 Berlin, Tel. 030/25 00 23 33, www.visitberlin.de

TIPP: Berlin mal von der Wasserseite kennenlernen – das geht mit einem geliehenen Boot am besten. Am Rummelsburger See, an der Stralauer Halbinsel befindet sich der Bootsverleih »Schiffskontor« (www.schiffskontor.de).

19 SPREEWALD

Einzigartiges Wasserlabyrinth

Im Fernsehen lassen die Spreewaldkrimis so manche Idylle vermissen. Wer mit dem Wohnmobil in den Spreewald fährt, wird von der urigen Landschaft begeistert sein. Unzählige große und kleine baumbestandene Wasserläufe der Spree prägen das Wasserlabyrinth.

Der Spreewald liegt im Südosten Brandenburgs, rund 100 Kilometer südöstlich von Berlin. Eine beachtliche Fläche von 475 Quadratkilometern erhielt 1991 den Schutzstatus Biosphärenreservat von der UNESCO. Das ebene Landschaftsbild wird von Weiden, Getreidefeldern und Bruchwäldern geprägt. Gebiete, die von Überschwemmungen verschont geblieben sind, wurden schon früh besiedelt. Viele der rund 50 000 Menschen der Region sind slawische Sorben, die vor rund 1000 Jahren die Landschaft kultivierten.

URIGES VERGNÜGEN

Neben den bekannten Spreewald-Gurken gehört eine Kahnfahrt zum Urlaub im Spreewald. So sollte man einen Besuch in Burg, Lübben oder Lübbenau stets mit einer Kahnfahrt verbinden. Nahezu lautlos geht es durch die Spreewaldfließe. Nur mit dem langen Rudel schiebt der Fährmann den Kahn. Neben den zahlreichen Anbietern von Kahnfahrten gibt es viele Vermietstationen für Kajaks oder Kanus. Auf Augenhöhe mit der Ufervegetation paddelt man durch die Bruchwälder. Ab und zu müssen Schleusen überwunden werden. Pausieren sollte man in einem der nostalgischen Ausflugslokale wie der Gaststätte »Wotschowska« oder der »Dubkow Mühle«.

Eine besondere Art, den Spreewald zu entdecken, ist die Fahrt mit dem Fahrrad. Hier kann man nach Lust und Laune kurze oder lange Etappen auf dem Gurkenradweg unternehmen. Dieser Rundweg ist

Den Spreewald kann man bestens auf einer traditionellen Kahnfahrt erkunden.

immerhin 260 Kilometer lang und erschließt die schönsten Orte und Attraktionen des Spreewalds. Natürlich kann man in der Region auch gut wandern: zum Beispiel vom Hafen in Lübbenau zur Gaststätte »Wotschowska«, ein einstündiges Vergnügen.

SEHENSWERTES IM SPREEWALD

Lübbenau (sorb. Lubnjow) kann mit der Marienkirche, dem Spreewaldmuseum und dem klassizistischen Schloss Lübbenau aufwarten. Ein Schlösschen bietet auch die alte Stadt Lübben (sorb. Lubin) und darüber hinaus die sehenswerte Paul-Gerhardt-Kirche am Marktplatz. Reizvoll ist Luckau mit seiner alten Stadtmauer und den barocken Bürgerhäusern am Markt. In Lehde lohnt sich der Besuch des Freilandmuseums mit altwendischen Höfen und der ältesten Kahnbauerei von 1884.

AUSFLUG NACH COTTBUS

In Cottbus (sorb. Chosébuz) hat die Textilherstellung eine lange Tradition. Aber auch Touristen kann die schöne Stadt viel bieten, etwa den schönen Altmarkt mit barocken Häusern. Ein Rundgang sollte zur Oberkirche, zur Wendischen Kirche, zum Kunstmuseum Dieselkraftwerk und zum Staatstheater Cottbus führen. Dieses Theater wurde 1908 innen wie außen im Jugendstil errichtet. Vor den Toren der Stadt begeistert der Branitzer Park, der 1888 vollendet wurde – ein wahres Meisterwerk deutscher Gartenbaukunst.

Ein empfehlenswerter Campingplatz ist »Kneipp- und Erlebniscamping« in Burg (oben links). Ein passendes Mitbringsel sind Spreewaldgurken (oben rechts). Neben Kultur bietet das Staatstheater Cottbus einen schönen Garten (unten links). Unterwegs mit dem Kanu nahe Burg (unten rechts).

INFOS & ADRESSEN

STELLPLATZ: Stellplätze befinden sich in Lübben, Lübbenau, Kolkwitz und Cottbus-Branitz. Ein empfehlenswerter Stellplatz ist »Spreewald Caravan und Wohnmobilpark Dammstraße«. Er befindet sich im Zentrum von Lübbenau und ist gut ausgestattet: Dammstr. 62d, 03222 Lübbenau, Tel. 03542/2921, www.spreewald.xyz, GPS 51°51'46"N, 13°58'12"E.

CAMPINGPLATZ: In Lamsfeld, Lübben und Lübbenau befinden sich naturnahe Campingplätze. Ein toller Campingplatz ist »Kneipp- und Erlebniscamping an den Spreewaldfließen« am südlichen Ortsrand von Burg. Hier steht man auf einer ebenen Wiese: Vetschauer Str. 1a, 03096 Burg/Spreewald, Tel. 035603/750966, www.caravan-kurcamping.de, GPS 51°49'33"N, 14°08'20"E.

INFOS: Tourismusverband Spreewald e. V., Lindenstr. 1, 03226 Vetschau, Tel. 035433/72299, www.spreewald.de

TIPP: In dem Örtchen Burg informiert ein DDR-Museum über die einstige Republik. Viele Fahrzeuge und Alltagsgegenstände beleuchten das Leben vor der Wende (www.ddr-museum-burg.de).

20 LEIPZIG

Geschichtsträchtige Messestadt

Leipzig kann gleich mehrere Titel beanspruchen: Es ist Messestadt, Universitätsstadt, ein wichtiger Bankenplatz, Sitz der Deutschen Nationalbibliothek und schließlich eine lebendige Kulturstadt. Wichtige Impulse für die Wiedervereinigung gingen ebenfalls von Leipzig aus.

Mit rund 580 000 Einwohnern gehört Leipzig zu den bedeutenden Großstädten der Republik und erstreckt sich in der Leipziger Tieflandbucht. Im Jahr 1165 erhielt Leipzig die Stadtrechte, und 1409 wurde die Universität gegründet. Sie ist nach Heidelberg und Köln die drittälteste Universitätsstadt in Deutschland. Zu den für Europa bedeutsamen Daten gehört der 18. Oktober 1813. Vor den Toren der Stadt schlugen verbündete Nationen bei der Völkerschlacht die Truppen Napoleons. Seit 1913 erinnert das rund 90 Meter hohe Völkerschlachtdenkmal daran. 1989 protestierten bei den Montagsandachten Tausende Menschen in der Nikolaikirche offen gegen das SED-Regime – eine Aktion, die unter anderem zum Sturz der Regierung führte.

PRÄCHTIGE BAUWERKE

Das Zentrum von Leipzig ist reich an imposanten Bauwerken wie den beiden geschichtlich interessanten Kirchen, der Nikolaikirche und der spätgotischen Thomaskirche. Sehenswert ist auch das Haus Coffe Baum, das älteste Kaffeehaus Europas. In diesem barocken Café gingen einst die Monarchen aus vielen Ländern ein und aus. Moderne Bauwerke stehen am großen Augustusplatz, zum Beispiel das Opernhaus, die moderne Universität oder das Neue Gewandhaus und der benachbarte »Uniriese« mit 143 Metern Höhe. Sehr verspielt hingegen präsentiert sich das Neue Rathaus (1905) und trutzig wirkt das Bundesverwaltungsgericht. Schattig sitzen und gut speisen kann man im

Der 114 Meter hohe Turm des Neuen Rathauses verfügt über eine Aussichtplattform.

lauschigen Barthels Hof. Ebenfalls imposant ist der größte Kopfbahnhof des Landes. Der kolossale Bahnhof beherbergt unzählige Läden. Generell ist Leipzig ein gutes Pflaster zum Einkaufen, im Stadtzentrum reihen sich zahlreiche Geschäfte aneinander. Darüber hinaus stößt man auf das 1901 eröffnete Städtische Kaufhaus, den großen Handelshof (1909), die 1914 fertiggestellte Mädler-Passage, den modernen Konsumtempel Petersbogen und reizvolle Märkte wie den Naschmarkt mit dem Goethe-Denkmal.

INTERESSANTE MUSEEN

Viele Museen laden zu einem ausgiebigen Museumsbesuch ein. Altdeutsche und niederländische Kunstwerke sind in dem Museum der Bildenden Künste zu bewundern. In der Alten Nikolaischule, zu deren Schülern auch Richard Wagner und Gottfried Wilhelm Leibniz gehörten, ist heute ein Antikenmuseum untergebracht. Nachdenklich stimmt das »Museum in der Runden Ecke«, das sich dem unrühmlichen Wirken der Stasi verschrieben hat. Ägyptische Exponate sind im Ägyptischen Museum zu bewundern, und über die verheerende Völkerschlacht von 1813 kann man sich in dem gigantischen Völkerschlachtdenkmal (1913) informieren. Das Stadtgeschichtliche Museum ist im Alten Rathaus von 1556 untergebracht. In Leipzig begibt sich der Besucher auch auf die Spuren von Persönlichkeiten wie Schumann, Mendelssohn Bartholdy, Johann Sebastian Bach oder Johann Wolfgang von Goethe, den die Gastwirtschaft Auerbachs Keller unter anderem zu seinem »Faust« inspirierte.

Der Stadthafen ist Ausgangspunkt für Touren ins Leipziger Neuseenland (oben links). Einst war die Thomaskirche eine Wirkungsstätte Johann Sebastian Bachs (unten links). 2012 wurde das Neue Augusteum, das Hauptgebäude der Universität Leipzig, vollendet (oben rechts). Der Stellplatz am Stadthafen (unten rechts).

INFOS & ADRESSEN

STELLPLATZ: Die Stadt Leipzig verfügt im Zentrum über einen Stellplatz auf einem bewachten Privatparkplatz (Querstr. 14) sowie über einen Stellplatz am Stadthafen (mit Bootsverleih): Schreberstr. 20, 04107 Leipzig, Tel. 0341/59 40 26 19, www.stadthafen-leipzig.com, GPS 51°20‘20“N, 12°21‘38“E.

CAMPINGPLATZ: Der Campingplatz »Camping Auensee« befindet sich rund sieben Kilometer nordwestlich von Leipzig. Er liegt inmitten des idyllischen, städtischen Auenwalds. Mit öffentlichen Verkehrsmitteln geht es ins Zentrum: Gustav-Esche-Str. 5, 04159 Leipzig, Tel. 0341/465 16 00, www.camping-auensee.de, GPS 51°22‘12“N, 12°18‘41“E.

INFOS: Tourist-Information Leipzig, Katharinenstr. 8, 04109 Leipzig, Tel. 0341/710 42 60, www.leipzig.travel

TIPP: Der Thomanerchor, ein berühmter Knabenchor, ist vor rund 800 Jahren gegründet worden. Auch heute kann man den jungen Sängern noch zuhören. Jeden Freitagabend und Samstagnachmittag kann man den Kantaten in der Thomaskirche lauschen (www.thomaskirche.org).

21 DRESDEN

Landeshauptstadt an der Elbe

Wer dem reizvollen Elbflorenz einen Besuch abstattet, muss viel Zeit mitbringen, denn eindrucksvolle Baudenkmäler, umfangreiche Kunstsammlungen und zahlreiche Kulturveranstaltungen prägen die Universitätsstadt. Die sächsische Landeshauptstadt zählt rund 550 000 Einwohner.

1206 wurde die Stadt »Drezdany« erstmalig urkundlich erwähnt. Ab 1530 wurde sie zu einer Hauptstadt des Kurfürstentums ausgebaut, unter Friedrich August II. erlebte sie einen gravierenden Aufschwung und entwickelte sich zu einer prächtigen barocken Residenzstadt. Diese wurde durch einen verheerenden Bombenhagel im Februar 1945 zum Großteil zerstört. Von den Zerstörungen ist lange nichts mehr zu sehen, die Rekonstruktion der Frauenkirche am Neumarkt wurde 2005 abgeschlossen.

DAS HERZ SCHLÄGT AM NEUMARKT

Der große Platz ist umgeben von farbenfrohen, mehrstöckigen Wohn- und Geschäftshäusern. Vor ihnen sitzt der Gast im Straßencafé und genießt den Blick auf die prächtige Frauenkirche, dessen Ruine lange als Mahnmal gegen den Krieg diente. Nur wenige Schritte sind es zur Brühlschen Terrasse. Hier schlendert man erhaben zwischen Prachtbauten und Elbe hin und her und blickt auf die stattliche Augustusbrücke, die oft den Hochwassern der Elbe trotzen musste. Wer hinüber zur anderen Uferseite geht, erhält den schönsten Blick auf die Stadt. Die kunstvoll gestalteten Türme machen neugierig auf Bauwerke wie die Hofkirche (1755) oder das Residenzschloss mit seiner mehrtürmigen Renaissancefassade. Gleich nebenan befindet sich der berühmte Fürstenzug. 24 000 Meissener Porzellanfliesen stellen auf 102 Metern die sächsischen Herrscher von 1123–1904 dar.

Einen tollen Blick auf die Altstadt mit ihrer einzigartigen Silhouette hat man vom gegenüberliegenden Ufer.

Die Münzgasse ist eine bekannte Kneipenmeile (oben) nahe der Frauenkirche. Diese erstrahlt nach dem Wiederaufbau in neuem Glanz (rechts). Ein Besuch des Zwingers ist in Dresden ein Muss (unten).

ZWINGER UND SEMPEROPER

Die Liste der hochrangigen Attraktionen der Stadt ist lang und reicht vom informativen Verkehrsmuseum im Zentrum bis hin zur Gläsernen Manufaktur. Aushängeschilder der Stadt sind die Semperoper und der Zwinger. Gottfried Semper errichtete die Oper im Jahr 1878, sie wurde im Krieg zerstört und feierte 1985 ihre »Wiedergeburt«. Direkt nebenan steht der Zwinger, das berühmteste Bauwerk Dresdens. Es wurde 1732 vollendet und beherbergt heute unter anderem die Gemäldegalerie Alte Meister, eine umfassende Porzellansammlung und das Tierkundemuseum. Das große Bauwerk zeigt eine verspielte barocke Bildhauerkunst.

AUSFLÜGE AUF DER ELBE

Wer länger in Dresden bleibt, kann mit dem Fahrrad über den Elberadweg so manches interessante Ziel ansteuern oder fährt bequemer mit dem Ausflugsschiff. Ein besonderes Erlebnis ist eine Reise mit den historischen Dampfschiffen. Die Sächsische Dampfschifffahrt verfügt über neun nostalgische Raddampfer. Unvergessen wird sicherlich eine Fahrt mit dem Schiff »Stadt Wehlen«. Dieses betagte, jedoch voll funktionsfähige Schiff lief bereits im Jahr 1879 vom Stapel. Wie wäre es mit einer Schiffstour zur Porzellanstadt Meißen, in das reizvolle Pirna, bis nach Königstein oder durch die Sächsische Schweiz bis nach Bad Schandau? Nicht nur Dresden selbst beeindruckt, sondern auch die Sehenswürdigkeiten vor den Toren der Stadt.

INFOS & ADRESSEN

STELLPLATZ: Dresden bietet gleich mehrere Stellplätze in der Nähe des Stadtzentrums. Am anderen Ufer der Elbe, in der Wiesentorstraße, befindet sich ein ebener Stellplatz. Wesentlich mehr Plätze und mehr Stadtnähe bietet der »Wohnmobilstellplatz am Blüherpark«: Zinsendorfstr.1, 01069 Dresden, Tel. 0351/485 99 00, www.wohnmobil-dresden.de, GPS 51°2'39"N, 13°44'35"E.

CAMPINGPLATZ: Außerhalb von Dresden in Kleinröhrsdorf liegt an der Talsperre Wallroda der gepflegte und gut ausgestattete Campingplatz »LuxOase«. Er ist für Ausflüge nach Dresden oder in die Sächsische Schweiz ein guter Ausgangspunkt: Arnsdorfer Str. 1, 01900 Kleinröhrsdorf, Tel. 035952/566 66, www.luxoase.de, GPS 51°7'13"N, 13°48'48"E.

INFOS: Dresden Information GmbH, Prager Str. 2b, 01069 Dresden, Tel. 0351/50 15 01, www.dresden.de

TIPP: Ein Besuch des »Striezelmarktes« lohnt sich. Er ist einer der ältesten und größten Weihnachtsmärkte Deutschlands (letztes Novemberwochenende bis 24. Dezember).

Die Altstadt von Goslar mit ihren zahlreichen Fachwerkhäusern gehört zum UNESCO-Weltkulturerbe.

22 HARZ

Nördlichstes deutsches Mittelgebirge

Die freundliche Urlaubsregion Harz ist im Sommer wie im Winter ein höchst interessantes Reiseziel. Inmitten der Mittelgebirgsregion erhebt sich der 1142 Meter hohe Brocken, ein ideales Ziel für Wanderer. Große Teile der abwechslungsreichen Landschaft bilden den Nationalpark Harz. Aber nicht nur Naturliebhaber kommen im Harz auf ihre Kosten, sondern auch Kulturinteressierte strömen in den Harz, und das nicht nur zur Walpurgisnacht.

Im Herzen Deutschlands, in den weiten Ebenen des östlichen Niedersachsens und westlichen Sachsen-Anhalts, erhebt sich das Mittelgebirge des Harzes. Vor der Wiedervereinigung durchzog die innerdeutsche Grenze das waldreiche Gebiet. Sie verlief weitgehend entlang der natürlichen topografischen Trennung zwischen Oberharz und Unterharz. Der Harz ist ein Gebirgsstock in ovaler Form, der rund 100 Kilometer lang und 35 Kilometer breit ist. Das harte Grundgestein besteht überwiegend aus Granit und Gneis und tritt an vielen Stellen zutage. Nackte Felsen inmitten einer zerklüfteten Waldlandschaft bilden das wohl spektakulärste Landschaftsbild. Ein gutes Beispiel hierfür ist das Bodetal. Vor rund 320 Millionen Jahren wurde eine Scholle angehoben, und es setzte die Gebirgsbildung ein. In der letzten Eiszeit rundeten dann mächtige Gletscher das Gebirge ab.

NATUR, STÄDTE UND MYTHEN

Nach der Wiedervereinigung hat sich die Ferienregion ihres etwas altbackenen Images entledigt und bietet nun ein breit gefächertes Programm. Das liegt unter anderem an dem guten Angebot für Aktivurlauber innerhalb und außerhalb des Nationalparks sowie den vielen kulturellen Attraktionen. Insbesondere die Städte Goslar, Quedlinburg oder Wernigerode sind reich an Kultur. Buntes Fachwerk und viele imposante sakrale Bauwerke machen sie neben anderen Städten und Dörfern zu einem lohnenswerten

Ziel. Sicherlich wecken Brauchtum, die vielen Mythen, die Hexensagen und schließlich die Walpurgisnacht das Interesse der Reisenden.

Ein Vorteil ist auch die ganzjährige Saison, denn im Winter sind hier Wintersportler bestens aufgehoben. Im Oberharz ist das Angebot an gespurten Loipen und Pisten gut, und auch Wandern und Rodeln empfiehlt sich. Seit mehr als 200 Jahren zieht es die zufriedenen Urlauber in den Harz. Die Infrastruktur für Reisemobilisten ist gut, denn Stellplätze und Campingplätze sind zahlreich. Zur attraktiven Altstadt sind es vom Stellplatz manchmal nur wenige Schritte. Bestes Beispiel ist Quedlinburg.

QUEDLINBURG, GOSLAR UND WERNINGERODE

Die beiden Städte Quedlinburg und Goslar mit ihren grandiosen Altstädten sind die urbanen Aushängeschilder der Ferienregion. Dies hat auch die UNESCO erkannt und nahm die Altstädte in die Weltkulturerbeliste auf. In Quedlinburg stammen rund 1200 denkmalgeschützte Häuser aus dem 17. Jahrhundert. Einen tollen Blick über die Altstadt hat man vom Schlossberg. Hier befinden sich auch das Schloss und die imposante Stiftskirche St. Servatius. Das mittelalterliche Goslar bietet ebenfalls viele beachtliche Bauwerke, wie die Kaiserpfalz, den Dom und die Marktkirche. Auf dem Marktplatz steht der rund 800 Jahre alte Brunnen mit dem Goldenen Reichsadler. Nebenan beeindrucken Prachtbauten wie das Rathaus und die Kaiserworth. Gleichermaßen sehenswert ist Wernigerode mit dem hoch über der Stadt thronenden Schloss und dem historischen Rathaus. Auf der Liste der weiteren interessanten Orte dürfen Herzberg, Bad Harzburg und Braunlage nicht fehlen.

WANDERUNG AUF DEN BROCKEN

Wer gut zu Fuß ist, sollte eine Wanderung hinauf auf den Brocken unternehmen. Leider hüllt sich der 1142 Meter hohe Berg an rund 300 Tagen im Jahr in Nebel. Sollten die Wetteraussichten bestens sein, ist eine

Vom Stellplatz in Quedlinburg sind es nur wenige Schritte zur schönen Altstadt (links). Der Brocken zählt zum Nationalpark Harz (rechts).

Wanderung ein Muss. Allerdings zieht der Berg dann bis zu 15000 Menschen an. Die kürzeste Wanderung ist rund acht Kilometer lang und beginnt in Schierke. Wer nur eine Strecke oder gar nicht wandern möchte, kann auch mit der nostalgischen Schmalspurbahn fahren. Im Laufe der Wanderung erkennt man, dass die Baumgrenze bereits bei rund 1100 Metern beginnt. Der Grund für dieses frühe Fehlen von Bäumen ist das raue Klima. Dem Wanderer bläst auf dem Gipfel auch im Sommer mal ein frischer Wind um die Nase.

Außerdem sollte man dem Brockenhaus einen Besuch abstatten. Hier erfährt man einiges rund um Geologie, Flora und Fauna sowie über berühmte »Brocken-Besteiger« wie den russischen Zaren Peter den Großen oder den deutschen Dichterfürsten Johann Wolfgang von Goethe. Ihm zu Ehren hat man den Wanderweg (8 km) von Torfhaus hinauf zum Brocken als Goetheweg benannt. Umkreisen kann man den Felsbuckel auf dem rund zwei Kilometer langen Brockenrundweg, der natürlich grandiose Ausblicke bietet. An klaren Tagen beträgt die Fernsicht rund 100 Kilometer. Natürlich laden abseits des Brockens viele andere Wanderwege zu einer naturnahen Erkundung der herrlichen Landschaft ein, viele verlaufen durch den jungen Nationalpark.

NATIONALPARK HARZ

Im Jahr 2006 wurden der niedersächsische Nationalpark Harz und der sachsen-anhaltinische Nationalpark Hochharz zu dem Nationalpark Harz zusammengefasst. Auf einer Fläche von 24,7 Quadratkilometern stößt der Besucher überwiegend auf Waldgebiete sowie intakte Hoch- und Übergangsmoore. Zu den besonderen Vertretern der Fauna gehört der Luchs, der erfolgreich wieder angesiedelt wurde. Sehr informativ ist ein Besuch des Nationalparkhauses in Torfhaus. Weitere Infostellen befinden sich in Ilsenburg, Drei Annen Hohne und Schierke.

NICHT VERPASSEN!

Den vielen Attraktionen im Harz kann man ganze Bände widmen – daher hier nur eine kleine Auswahl. In der Nacht vom 30. April auf den 1. Mai wird an vielen Orten im Harz die Walpurgisnacht gefeiert.

Gruselige Figuren zieren den Hexentanzplatz in Thale (links). Sehenswert ist die Stabkirche in Hahnenklee (rechts).

Ein guter Ausgangspunkt für Wanderungen im Harz (rechts) ist das Nationalparkhaus Torfhaus (unten). Titan RT gehört zu den längsten Fußgänger-Hängebrücken der Welt (oben).

Dann zieht es Besucher in den Harz, die an dem Hexentanzspektakel teilnehmen wollen. Beliebt ist auch der Hexentanzplatz von Thale mit seinen abschreckenden Figuren. Gleich nebenan befindet sich ein Freilichttheater, und von einigen Aussichtspunkten blickt man über das atemberaubende Bodetal hinüber zum sagenumwobenen Felsen Rosstrappe. An einigen Stellen geht es in den Berg. Es lohnt sich der Besuch der Tropfsteinhöhle Rübeland, die im Bodetal liegt und zu den schönsten ihrer Art in Mitteleuropa gehört. Im Harz hat der Bergbau eine lange Tradition und bereits im Jahr 986 wurde in Rammelsberg Silber geschürft. Bis 1988 wurden unter anderem Kupfer, Silber, Zink und Blei abgebaut. Heute fahren die Besucher hier ein und erfahren Wissenswertes über den Bergbau.

Lohnenswert ist auch ein Besuch des Oberharzer Bergwerkmuseums in Clausthal-Zellerfeld, dessen Universität sich ebenfalls dem Bergbau verschrieben hat. Im Ort steht die graue, hölzerne Kirche, die größte Holzkirche Deutschlands. In Hahnenklee ist ein weiteres hölzernes Gotteshaus unbedingt zu besichtigen. 1908 wurde hier eine Stabkirche nach norwegischem Vorbild errichtet. Sehenswert ist neben der Burg Falkenstein auch die Ruine des Zisterzienserklosters Walkenried, eine der größten gotischen Klosteranlagen Deutschlands. Eisenbahnfreunde werden sicherlich mit der historischen Schmalspurbahn durch das reizvolle Selketal fahren wollen. Und wer schließlich noch eine Urlaubserinnerung benötigt, sollte das nette Gebirgsdorf Schierke besuchen und sich den bekannten Likör Schierker Feuerstein gönnen. Einen klaren Kopf sollte man bewahren, wenn man über die 2017 eröffnete Hängebrücke Titan RT geht. Sie hängt 75 Meter über der Rappbodetalsperre und ist 458,5 Meter lang!

INFOS & ADRESSEN

STELLPLATZ: Allrode, Altenau, Andreasberg, Bad Harzburg, Bad Sachsa, Blankenburg, Braunlage, Breitenstein, Clausthal-Zellerfeld, Drübeck, Elend, Hahnenklee-Bockswiese, Ilsenburg, Sankt Walkenried, Schulenberg, Timmenrode und Wernigerode bieten unter anderem Stellplätze. In Quedlinburg steht das Reisemobil unterhalb des Schlossbergs am Rande der Altstadt auf dem Schlossparkplatz: Wipertistr. 2, 06484 Quedlinburg, Tel. 03946/905624, www.quedlinburg.de, GPS 51°47'14"N, 11°08'04"E.

CAMPINGPLATZ: Campingplätze befinden sich unter anderem in Braunlage, Bad Lauterberg, Osterode, Elend, Clausthal-Zellerfeld, Bad Harzburg, Goslar, Seesen, Thale, Bad Sachsa und Walkenried. Ein schöner naturnaher Campingplatz ist »Camping Okertalsperre«, rund zwei Kilometer außerhalb von Altenau: Kornhardtweg 2, 38707 Altenau, Tel. 05328/702, www.camping-okertalsperre.de, GPS 51°49'08"N, 10°26'21"E.

INFOS: Harzer Tourismusverband, Marktstr. 45, 38640 Goslar, Tel. 05321/34040, www.harzinfo.de

TIPP: In Altenau steht das Reisemobil direkt an der Kristalltherme Heißer Brocken. Hier lohnt sich der erholsame Besuch der Therme (www.kristalltherme-altenau.de).

23 MÜNSTERLAND

Mit dem Rad von Schloss zu Schloss

Das idyllische Münsterland bietet dem Reisemobilisten eine perfekte Infrastruktur, denn zahlreich sind Stell- und Campingplätze. Das Reisemobil kann getrost stehen bleiben, denn das Radwegenetz ist umfassend und erschließt die meisten Attraktionen. In der flachen und malerischen Landschaft beeindrucken die vielen Wasserschlösser. Im Herzen der Region lockt die jung gebliebene Stadt Münster mit herrlicher Altstadt und lebendiger Geschichte.

Wer gleich zu Beginn seiner Münsterlandtour die Stadt Gronau und das höchst interessante Rock'n' Popmuseum besucht, wird diese Region in Nordrhein-Westfalen sicherlich mit so manchem Ohrwurm bereisen. Statt ländlicher Idylle, beruhigender Gemütlichkeit, einem Spaziergang durch die Gartenanlagen der vielen schönen Schlösser und Burgen sowie erholsamen Radtouren beginnt die Entdeckungstour mit einem Paukenschlag. Und das im wahrsten Sinne des Wortes. Dieses abenteuerliche Museum zieht sofort den Besucher in seinen Bann. Gleiches gilt für das nette Städtchen Gronau nahe der deutsch-niederländischen Grenze.

GRONAU, WARENDORF UND GESCHER

Die Stadt Gronau bietet zunächst mit dem Rock'n' Popmuseum eine hochrangige Attraktion. Vor dem markanten, würfelförmigen Bauwerk kann man das Reisemobil abstellen und sich im Inneren nachhaltig über die Geschichte von Rock und Pop informieren. Man sucht sich die Lieblingssongs aus, trommelt auf elektronischen Fässern und bestaunt diverse Instrumente. Kein Geringerer als der aus Gronau stammende Udo Lindenberg half bei der Einrichtung des Museums. Interessant geht es auch außerhalb des bunten Museums weiter. Anlässlich der Landesgartenschau

Der Prinzipalmarkt von Münster ist zu jeder Tageszeit eine Attraktion.

2003 wurde ein hypermoderner Landschaftspark geschaffen. Kleine Gärten, Kletterwand, Wasserlabyrinth, Abenteuerspielplatz und Klangspiele umgeben eine gigantische Pyramide, deren vier Seiten aus Rasenflächen bestehen. Für Erholung sorgt der rund vier Kilometer entfernte Dreiländersee (Campingplatz), der an die Niederlande und das Bundesland Niedersachsen grenzt. Von der Spitze der Pyramide hat man einen guten Überblick über die einstige Textilmetropole. Auch wenn die Region extrem flach ist, so kann man nicht zu einer weiteren besonderen Stadt des Münsterlandes blicken, der Stadt Warendorf.

Den meisten Reitern und Pferdefreunden ist Warendorf ein Begriff, denn viele Pferde stammen von hier. Große namhafte Gestüte liegen in der Umgebung der Stadt, in der auch das Deutsche Olympische Komitee für die Reiterei seinen Sitz hat. Ein weiteres besonderes Produkt kommt aus der Stadt Gescher. In der nördlichsten deutschen Glockengießerei werden seit mehr als 300 Jahren Glocken hergestellt und weltweit exportiert. Nach dem Besuch der klangvollen Städte sollte der Reisemobilist die Münsterlandmetropole Münster an steuern.

KRIMI- UND STUDENTENSTADT MÜNSTER

Die vielseitige Stadt Münster gehört zu den deutschen Städten, die sich einer hohen Lebensqualität erfreuen. Sie zählt rund 315 000 Einwohner und ist so manchem Fernsehzuschauer bestens bekannt, denn hier werden Krimis wie »Wilsberg« oder der »Tatort« gedreht. Allerdings geht es in der Realität weitaus friedlicher zu. Der Reisemobilist parkt auf dem großen Hindenburgplatz vor dem Schloss und kann nun in aller Ruhe seinen Stadtrundgang durchführen. Auf den ersten Metern wird er ein Markenzeichen der Stadt erkennen, denn in der Stadt fährt man mit dem Bus oder tritt in die Pedale. Nicht nur die 45 000 Studenten sind mit dem Rad unterwegs. Nein, für jeden Bürger stellt das Fahrrad ein selbstverständliches Fortbewegungsmittel dar. Man stößt hier auf ein Fahrrad-Parkhaus, und es wimmelt von Radwegen, Radständern und flotten Radfahrern. Sie prägen das junge Stadtbild, am Tag auf den Straßen und am Abend in den Kneipen. Dann sollte man auf jeden Fall eine Altbierbowle probieren. Altbier, Sirup und Erdbeeren aus der Dose sind die Zutaten für das belieb-

Der Botanische Garten liegt direkt hinter dem Fürstbischöflichen Schloss von Münster (links). Inmitten von Münster erinnert eine Statue an den Kiepenkerl, der von Ort zu Ort ging und die Menschen mit Waren sowie Tratsch und Klatsch versorgte (rechts).

te Getränk. So strömt man in die nette Altstadt, die von einem viereinhalb Kilometer langen, grünen Wall umgeben ist.

Das Aushängeschild der Altstadt ist der Prinzipalmarkt mit den herrlichen Giebelhäusern mit Laubengängen aus unterschiedlichen Epochen. Im Zweiten Weltkrieg wurden sie zerstört und mussten neu aufgebaut werden. Vor rund vier Jahrhunderten litten die Stadt und die Region unter den dramatischen Auswirkungen des Dreißigjährigen Kriegs, der in Osnabrück und in Münster beendet wurde. Das sehenswerte Alte Rathaus mit dem Friedenssaal, in dem 1648 der »Westfälische Friede« beschlossen wurde, steht ebenfalls am Prinzipalmarkt. Nur wenige Schritte sind es zur St.-Lamberti-Kirche, an deren Turm die Ketzerkäfige hängen. Hier wurden die sterblichen Überreste der Wiedertäufer zur Schau gestellt. Ein weiteres bedeutendes sakrales Bauwerk ist der St.-Paulus-Dom, der zwischen 1225 und 1265 im romanisch-gotischen Übergangsstil erbaut wurde. Zu seinem wertvollen Inventar gehört die astronomische Uhr von 1542. Im Dom ist auch der berühmte Bischof Clemens August von Galen bestattet, der als »Löwe von Münster« besser bekannt ist und dem Naziregime Widerstand leistete.

In der Nachbarschaft des Doms befindet sich das Westfälische Landesmuseum mit Ausstellungen zur Stadtgeschichte. Sehenswert ist auch das Picasso-Museum. Es ist das einzige seiner Art in Deutschland. Münster hat noch eine Vielzahl an hochrangigen Attraktionen zu bieten wie den artenreichen Allwetterzoo, das Freilichtmuseum Mühlenhof oder das lehrreiche Planetarium. Zu den prächtigen Bauwerken gehören der Erbdrostehof (1757) im Stadtzentrum, das Bischöfliche Palais aus dem Jahr 1732 und das schmucke fürstbischöfliche Residenzschloss, das Hauptgebäude der Universität. Umgeben ist das Schloss von einem schönen Schlossgarten mit dem sehr lehrreichen Botanischen Garten. Das Schloss reiht sich in die lange Liste der herrlichen Schlösser und Burgen des Münsterlandes ein.

SEGELN IN MÜNSTER

Am Rande der Altstadt von Münster ist der Besuch des Aasees ein Muss. Der künstlich geschaffene See

Vor dem Münsteraner Schloss kann man parken (links) und dann die Stadt zu Fuß oder mit dem Fahrrad erkunden, etwa den Dom mit seiner astronomischen Uhr (rechts).

lockt mit guten Freizeitmöglichkeiten. Hier kann man sich ein Tretboot ausleihen oder mit der Jolle segeln. Wer lieber zuschauen möchte, gönnt sich einen Kaffee auf der Terrasse des Restaurants. Bekannt wurde der See auch durch den »verliebten Schwan«, der dem Bötchen in Form eines Schwans nicht von der Seite weichen wollte. Durch die hohen Temperaturen im Sommer 2018 wurde der gesamte Fischbestand des Sees vernichet.

SCHLÖSSER, DIE IM WASSER LIEGEN

Mit dem Wohnmobil ist man im Münsterland bestens unterwegs. Es sind nur kurze Etappen von einem prächtigen Schloss oder einer trutzigen Burg zur nächsten baulichen Attraktion. Wer sich für diese stolzen Bauwerke interessiert, wird in dieser Ferienregion voll auf seine Kosten kommen. Während in anderen hügeligen und gebirgigen Regionen Deutschlands diese kleinen Residenzen zum Schutz auf den Kuppen und Spitzen errichtet wurden, schirmen im flachen Münsterland breite Wassergräben die Burgbewohner ab. Über 180 Burgen und Schlösser in unterschiedlichen Größen, aus verschiedenen Epochen und mit stets eigenem Flair können in der Region bestaunt werden. Einige tragen die Handschrift des bekannten Architekten Johann Conrad Schlaun, der im 18. Jahrhundert wirkte. Auch das Schloss von Münster hat er entworfen. Er lebte jedoch bescheidener im Haus Rüschhaus. Wenige Jahrzehnte später ließ sich die Dichterin Annette von Droste-Hülshoff (1797–1848) in dem Haus nieder. So lebten die beiden prominenten Aushängeschilder des Münsterlandes, wenn auch stark zeitversetzt, unter einem Dach. Geboren wurde die Dichterin auf der schmucken Wasserburg Hülshoff (16. Jahrhundert), die heute ein sehenswertes Museum beherbergt, das sich ihrem Leben und Werk widmet.

Sehenswert sind unter anderem das große Wasserschloss in Anholt, die große Jugendburg Gemen, das stolze Schloss Raesfeld, das malerische Wasserschloss Steinfurt und die alte Burg Vischering in Lüdinghausen. Wie kaum eine andere Burg vermittelt Burg Vischering auch heute noch den Eindruck einer mittelalterlichen Wehranlage. Diese kleine, nahezu kreisrunde Burg ist über eine lange Brücke zu erreichen und beherbergt das Münsterlandmuseum. Ein kurzer Besuch lohnt sich auch in dem benachbarten Dorf Seppenrade. In diesem »Rosendorf« gedeihen mehr als 10 000 Exemplare. Die meisten Bauwerke

Zu den vielen Attraktionen im Münsterland gehören die Burgen und Schlösser. Sehenswert sind etwa das Schloss Hülshoff nahe Havixbeck (unten) und die Jugendburg in Gemen (rechts). Der Aasee ist ein beliebter Freizeitsee (oben).

Das Schloss von Raesfeld ist einen Besuch wert (links). Das Schloss von Nordkirchen mit seinem Schlosspark wird auch als »Westfälisches Versailles« bezeichnet (rechts).

sind durch die Themenroute »100-Schlösser-Route« verbunden, so auch das imposante Schloss Nordkirchen.

WESTFÄLISCHES VERSAILLES

Ein Muss, nicht nur für Schlosskenner, ist das Schloss Nordkirchen, das zurecht den Beinamen »Westfälisches Versailles« trägt. Es thront im südlichen Münsterland und ist die größte Wasserburg Westfalens. Errichtet wurde das Schloss auf einer quadratischen Insel, die von breiten Wassergräben umgeben ist. Das Schloss, das 1734 fertiggestellt wurde, beherbergt heute die Landesfinanzschule und kann mit einer prächtigen Gartenanlage aufwarten. Diese weitläufige Parkanlage wurde von Johann Conrad Schlaun gemeinsam mit französischen Gartenarchitekten entworfen.

RADFAHRER FÜHLEN SICH HIER WOHL

Das Münsterland steht nicht nur für Wasserburgen, Pferde und freundliche Orte, sondern auch für herrliche Radwege. So kann der Reisemobilist einen komfortablen Stellplatz oder einen gut ausgestatteten Campingplatz anlaufen und die Region mit dem Fahrrad erkunden. Mit Ausnahme weniger Anhöhen wie die Beckumer Berge ist das Münsterland ein flacher Landstrich und stellt keine hohe Anforderung an die körperliche Fitness oder die technische Ausstattung des Fahrrads. Dank moderner E-Bikes und der vielen Ladestationen ist der Aktionsradius ohnehin groß. Der Reisemobilist hat jedoch die Qual der Wahl, welche Radstrecken des rund 4500 Kilometer langen Radwegenetzes er nun wählen soll.

Neben kleinen Rundwegen von 10–40 Kilometern Länge wollen auch größere Themenrouten wie die 100-Schlösser-Route, die Römerroute oder der gigantische Europa-Radweg R1, dessen Teilstrecke durch die Region führt, entdeckt werden. Damit man die Orientierung nicht verliert, gibt es hilfreiche Radwanderkarten. Darüber hinaus weisen immerhin 18 000 kleine Schilder dem Radfahrer den Weg. Fortschrittliche Radfahrer greifen auf die Hilfe des progressiven Navigationssystems (FIS – Fahrrad-Informations-System) zurück.

Abseits der befahrenen Straßen strampelt man auf den kleinen Pfaden, den sogenannten »Pättkes«, und erfreut sich an der »Pättkestour«. Sie führt überwiegend zwischen Getreidefeldern und Weiden hindurch zu so manch urigem Ort. Wer bei sommerlichen Temperaturen unterwegs ist, sollte sein Badezeug mitnehmen und sich zum Beispiel am Halterner Stausee erfrischen, bevor er dann das lehrreiche LWL-Römermuseum mit der beliebten Römerbaustelle Aliso besucht. Für Erfrischung und Wellness gleichermaßen sorgt das Bahiabad in Bocholt.

ALTE TEXTILSTADT BOCHOLT

Die rund 75 000 Einwohner zählende Stadt Bocholt im Westen des Münsterlands ist ein sehenswertes Städtchen an dem Fluss Aa und bietet gleich mehrere Attraktionen. Eine nette Innenstadt mit dem schönen Rathaus (1624) und besten Einkaufsmöglichkeiten, das informative Textilmuseum und das Bahiabad machen den Besuch zu einer kurzweiligen Angelegenheit. Gut spazieren kann man um den kleinen Aasee, in dessen Nähe auch ein Stellplatz liegt.

Einen weiteren Stellplatz findet der Reisemobilist neben dem Bahiabad, das über verschiedene Außen- und Innenbecken verfügt. Hier kann er auch nach dem Besuch der variantenreichen Saunalandschaft im Wohnmobil bestens entspannen, bevor er in den nächsten Tagen wieder mit dem Fahrrad auf den »Pättkes« unterwegs sein wird.

Die Lambertikirche zählt zu den wichtigsten Sehenswürdigkeiten der Stadt Münster (links). In Bocholt lohnt sich ein Besuch des Textilmuseums (unten rechts). Der Wohnmobilstellplatz des Campingplatzes Münster (oben rechts).

INFOS & ADRESSEN

STELLPLATZ: Im Münsterland sind Stellplätze zahlreich. Nahezu jeder Ort bietet einen Übernachtungsplatz, etwa Altenberge, Ascheberg, Billerbeck, Bocholt, Borken, Coesfeld, Dülmen, Drensteinfurt, Greven, Dülmen, Haltern, Havixbeck, Heiden, Lüdinghausen, Münster, Nordkirchen, Nottuln, Reken, Raesfeld, Rhede, Senden, Telgte und Warendorf. Ein besonderer Stellplatz ist »Camp Marina Alte Fahrt Fuestrup« in Greven-Fuestrup, direkt am Dortmund-Ems-Kanal: Fuestruper Str. 37, 48268 Greven-Fuestrup, Tel. 02571/38 96, www.camp-marina.de, GPS 52°02‘42“N, 7°41‘06“E.

CAMPINGPLATZ: Empfehlenswert ist der Campingplatz »Münster« (auch Wohnmobilstellplätze), der über eine Busanbindung zur Altstadt verfügt (oder 20 Minuten Fahrt mit dem Fahrrad!): Laerer Werseufer 7 (Wolbecker Straße), 48157 Münster, Tel. 0251/31 19 82, www.campingplatz-muenster.de, GPS 52°02‘42“N, 7°41‘06“E.

INFOS: Münsterland e. V. Tourismus, Airportallee 1, 48268 Greven, Tel. 02571/94 93 92, www.muensterland-tourismus.de

TIPP: Nicht nur für Pferdefreunde ist der Besuch der Wildpferdebahn im Merfelder Bruch nahe Dülmen ein Erlebnis (www.duelmen.de).

Der Rhein prägt das Landschaftsbild der Region. Blick von der Reeser-Brücke auf den längsten deutschen Fluss.

24 LINKER NIEDERRHEIN

Reisemobile sind stets willkommen!

Am linken Niederrhein sind Reisemobile stets willkommen! Kein Wunder, denn kaum eine andere deutsche Ferienregion hat sich so gut auf Reisemobilisten eingestellt. Zwischen dem Rhein und der niederländischen Grenze präsentieren sich interessante Städte wie Kalkar und Kleve sowie die Römerstadt Xanten. Zu den besonderen Aktivitäten gehören ausgedehnte Radtouren, Kanufahrten oder sogar Ausflüge mit der Draisine.

Der Rhein ist mit einer Länge 1233 Kilometern der längste Fluss Deutschlands. Kurz bevor er das Land verlässt, schlängelt er sich durch den flachen Niederrhein. Rheinauen, Schutzdeiche, Weiden und Getreidefelder bestimmen hier das idyllische Landschaftsbild. Von seiner besten Seite, insbesondere für Reisemobilisten, zeigt sich der untere linke Niederrhein. Hier sind es nur kurze Etappen von einer Attraktion zur nächsten. Am besten lässt man das Reisemobil stehen und fährt mit dem Rad. Ein vorbildliches Radwegenetz mit guter Ausschilderung macht einen Ausflug mit der »Fiets« zu einem Vergnügen. Lediglich die wenigen Hügel (Stauchendmoränen) verlangen einen kräftigeren Tritt in die Pedale. Die Radwege sind bestens ausgeschildert und verbinden die reizvollen Orte miteinander, so auch die alte Römerstadt Xanten.

DEN RÖMERN AUF DER SPUR

Die Stadt Xanten beherbergt rund 22 000 Menschen und gehört neben Trier, Köln und Worms zu den ältesten Städten Deutschlands. Glücklicherweise bietet die Stadt vor ihren Stadttoren einen komfortablen Stellplatz an. So steht dem ausgiebigen Rundgang nichts im Wege. Vor rund 2000 Jahren ließen sich die Römer an einem Fleckchen am Rhein nieder und errichteten die Siedlung »Colonia Ulpia Traiana«. Die Zeugnisse aus der Zeit der Römer sind heute noch allgegenwärtig. Der Besuch im Archäologischen Park Xanten, dem sogenannten APX, ist ein Muss. Originalgetreu wurden Wohnhäuser, Thermen, Stadtmauern und -tore, Herbergen und Hafentempel nachgebildet. Prunkstück ist jedoch das mächtige Amphitheater, in dem im Sommer viele Konzerte und Shows stattfinden. Ein besonderes Event ist »Speisen wie Apicius«, bei dem der Gast in der Römischen Herberge wie vor rund 2000 Jahren speisen kann. Über die Römer informiert auch das Römermuseum, das allein durch seine Architektur aus Glas und Stahl begeistert.

Auch die Altstadt kann sich sehen lassen. Hier erhebt sich der mächtige Dom St. Viktor, der in der Mitte des 16. Jahrhunderts fertiggestellt wurde. Sehenswert sind unter anderem die vielen Altäre, die Krypta und der Kreuzgang. Neben dem Dom befindet sich das Stiftsmuseum, in dem man Wissenswertes über die Geschichte des Doms erfährt. Xanten ist auch Hauptort der Nibelungensage, und so ist es nicht verwunderlich, dass man auch auf ein Siegfried-Museum stößt. Zwei informative Museen sind das private Kunstmuseum Xanten und das kleine Schokoladen- und Konditoreimuseum. Nur wenige Schritte sind es vom Dom zum Marktplatz. Hier reihen sich schöne Häuser aneinander und einige Restaurants und Straßencafés laden zum Verweilen ein. Vor den Toren der Stadt ist das Freizeitangebot an der Xantener Nordsee und Südsee groß.

WASSERSPORT AN NORDSEE UND SÜDSEE

Nach dem schönen Altstadtbummel oder dem Besuch der römischen Anlagen kann der Reisemobilist an der Nordsee oder an der Südsee ausspannen. Einen Steinwurf vom Archäologischen Park entfernt beginnt die Xantener Südsee mit dem neuen Hafen und Gastronomie. Bei den Seen handelt es sich um Baggerseen, hier wurden Kies und Sand abgebaut. Die Südsee ist durch einen Kanal (mit Hubbrücke) mit der Xantener Nordsee verbunden. An beiden Seen gibt es ein umfangreiches Freizeitangebot auf und am Wasser. An der Xantener Südsee, im Ortsteil Wardt, befindet sich das beliebte Freibad. Im Som-

Im Römermuseum Xanten können freigelegte Ruinen einer römischen Therme besichtigt werden (links). Ein guter Stellplatz am Rande der Stadt ist der WomoPark Xanten (rechts).

mer wird man sich über dieses Strandbad freuen und am Strand sein Badelaken ausbreiten oder einen Strandkorb mieten. Gut erholt kann man sich dann den sportlichen Möglichkeiten widmen. Klettern im Hochseilgarten, Tauchen, Segeln, Surfen, Stehpaddeln, Rudern, Kanufahren, Fahrten mit dem Party-Floß oder Wasserski sind möglich. Die Wasserski-Seilbahn bietet einen rund 1000 Meter langen Rundkurs. In den meisten Wassersportarten werden auch Kurse angeboten. Wesentlich entspannter ist der Besucher mit dem Ausflugsschiff »Seestern« unterwegs. Wer den Blick vom Land auf die beiden Seen genießen möchte, sollte einen Spaziergang oder eine Radtour unternehmen. Der Rad- und Fußweg führt rund um die Seen immer am Ufer entlang. Zwischendurch kann man natürlich gemütlich einkehren.

AKTIV DEN NIEDERRHEIN ENTDECKEN

Wassersportler kommen in erster Linie auf der Xantener Nord- und Südsee sowie am Wisseler See nahe Kalkar auf ihre Kosten. Lohnenswert sind auch Kanutouren auf dem Fluss Niers. In Weeze kann man sich ein Kanu ausleihen und einen Abschnitt des 118 Kilometer langen Flusses entdecken. Dann geht es unter hohen Pappeln vorbei an Feldern, Wiesen und Weiden über den teilweise nur knietiefen Fluss. In der Nähe der Kanustation befindet sich auch der Stellplatz. Wer gerne Golf spielt, ist rund um Kalkar gut aufgehoben. Außerdem laden viele Reiterhöfe zum Reiten ein. Schiffsausflüge auf dem Rhein sollte man in Rees und Emmerich beginnen. Ein Highlight ist jedoch die Fahrt mit der Draisine, die in Kleve beginnt und bis in die Niederlande führt. Das Radwegenetz ist vorbildlich, und wer mal die andere Rheinseite erleben möchte, nutzt einfach die kleinen Personenfähren, die zwischen Reeserschanz und Rees sowie zwischen Grieth und Grietherort verkehren. Die kleine Fähre »Rääße Pöntje« quert von Palmsonntag bis zum letzten Sonntag im Oktober den Rhein. In Rees lohnt sich ein kleiner Stadtrundgang.

REES AM RHEIN

Rees ist die älteste Stadt im Kreis Kleve und beheimatet rund 22 000 Bürger. Schönster Teil der Stadt Rees

Das Freizeitangebot am Niederrhein ist groß und umfasst Wassersport am Wisseler See (links). Entspannender sind Spaziergänge über die Rheinpromenade in Rees (rechts).

ist die Promenade. Hier spaziert man am Rhein entlang und blickt auf den breiten Fluss und die imposante Rheinbrücke. Das Bild ändert sich stets, da der Pegel des Flusses starkt schwanken kann. Erst im Herbst 2018 hatte der Rhein den tiefsten Wasserstand, seitdem der Pegel aufgezeichnet wird. Auf dem Rhein herrscht reger Schiffsverkehr, denn immerhin rund 500 Schiffe passieren das nette Städtchen pro Tag. Nach wenigen Metern geht man über die Promenade an der alten Stadtmauer vorbei. Sie ist heute ein wichtiger Schutz gegen Hochwasser. Am Pegel zeigen die Hochwassermarken die teils dramatischen Hochwasserstände des Rheins. Einige Bänke laden zum Verweilen ein, und natürlich kann man auch von den Cafés den Blick über den Fluss genießen.

Nur wenige Schritte sind es von der Promenade zur Innenstadt. Hier steht die große, in gelber Farbe erstrahlende Basilika. Die schöne Kirche St. Mariä Himmelfahrt bestimmt die Silhouette der Stadt. Sie wurde zwischen 1820 und 1828 im klassizistischen Stil errichtet. Im Zweiten Weltkrieg wurde sie zerstört und stilecht wiederaufgebaut. Zu dem sehenswerten Inventar gehört die Orgel mit rund 3000 Pfeifen. Über die Stadtgeschichte informiert das Koenraad Bosman Museum. Ein weiterer Anziehungspunkt ist der reizvolle Skulpturenpark, darüber hinaus verfügt die Stadt über zwei gut erhaltene Kasematten (feuerfeste Geschützkammern).

FREUNDLICHE KLEINSTADT KALKAR

Das Herz der Stadt, die im Mittelalter sogar zur Hanse gehörte, schlägt am Marktplatz, der vom Stellplatz nur wenige Hundert Meter entfernt ist. Grobes Rheinkiespflaster, die alte Gerichtslinde und die vielen prächtigen Bauwerke sorgen dafür, dass sich der Stadtbesucher um Jahrhunderte zurückversetzt fühlt. Am Markt steht man vor dem imposanten historischen Rathaus, das Mitte des 15. Jahrhunderts erbaut wurde. Den Marktplatz säumen weitere jahrhundertealte Bauwerke mit schönen Fassaden. Unter ihnen sticht das Giebelhaus mit der alten Backsteinfassade hervor. Gleich hinter dem gotischen Rathaus befindet sich die Stadtinformation mit dem kleinen Stadtmuseum. Am besten nimmt man erst einmal am Markt in einem der Straßencafés Platz und studiert die Lektüren der Stadtinformation. Rings herum nimmt man schnell wahr, wie authentisch sich das Städtchen präsentiert. Hier macht man seine Besorgungen und hält ein kurzes Schwätzchen.

Der Marktplatz von Kalkar zeichnet sich durch seine historischen Giebelhäuser und Backsteinfassaden aus (links). Ein guter Campingplatz ist der Ferien- und Campingpark Wisseler See (oben rechts). Am ganzen Niederrhein lohnen sich Radtouren (unten rechts).

Die Kalkarer Windmühle wurde im Jahr 1770 errichtet (links). In Kleve, direkt am Spoy-Kanal wurde die Hochschule errichtet (rechts).

Inmitten der historischen Altstadt, die noch von einem Graben umgeben ist, locken einige Sehenswürdigkeiten, wie die imposante Kalkarer Mühle (Restaurant) und das Städtische Museum Kalkar. Es ist in zwei gut erhaltenen Treppengiebelhäusern aus den Jahren 1420 und 1500 untergebracht. Das Museum zeigt Ausstellungen zur Stadtgeschichte, sehenswerte Kunstwerke aus dem Umfeld des Malers und Akademieprofessors Gerhard Janssen und darüber hinaus wechselnde Kunstausstellungen. Ebenfalls beeindruckt ist man von den Kunstwerken und den vielen aufwendig gestalteten Schnitzaltären in der 1450 geweihten Nikolai-Kirche. Sie ist die Hauptattraktion der Stadt und bestimmt mit ihrem hohen Turm die Silhouette des Niederrhein-Städtchens. Rund 15 Kilometer ist die Stadt Kleve entfernt.

BERGAUF IN KLEVE

Natürlich bietet auch die attraktive und fast großstädtisch anmutende Stadt Kleve gute Stellplätze für Reisemobilisten, sie befinden sich hinter dem Bahnhof. Die Stadt zählt rund 53 000 Einwohner und ist in den letzten Jahren im Wandel, denn in der Unterstadt wird seit der Einrichtung der Fachhochschule 2009 eifrig gebaut. Die Silhouette der Stadt wird durch die Schwanenburg geprägt. Sie steht auf einem Steilhang (Kliff – Kleve), der für die Namensgebung verantwortlich ist. Sie ist das Wahrzeichen der einstigen Herzogstadt und beherbergt im Schwanenturm ein geologisches Museum. Der Blick über die Stadt und den Niederrhein vom Turm der Schwanenburg ist fantastisch. Kunstliebhaber zieht es in das Museum Kurhaus, Gartenfreunde in die benachbarten barocken Gartenanlagen und Tierfreunde in den Tiergarten. In der verkehrsberuhigten Innenstadt reihen sich nette Geschäfte aneinander. Ein besonderes Highlight ist eine Draisinenfahrt. Hier ist man auf einem Abschnitt der 1865 eröffneten Bahnlinie zwischen Kleve und Nijmegen (Niederlande) unterwegs. Endstation ist das niederländische Groesbeek.

REIN INS VERGNÜGEN

Neben der Draisine bietet die Region noch weitere höchst interessante Sehenswürdigkeiten, dazu ge-

hört in erster Linie der Freizeitpark Wunderland Kalkar. In den 1970er- und 1980er-Jahren wurde rund um den damals sogenannten »Schnellen Brüter« heftig gegen Atomenergie demonstriert. Heute wird in dem einstigen Atomkraftwerk (Versuchsreaktor), das niemals an das Stromnetz gegangen ist, ausgiebig gefeiert. Zahlreiche Fahrgeschäfte erfreuen nicht nur Kinder und Jugendliche. Hauptattraktion ist sicherlich das Kettenkarussel, das sich aus dem Kühlturm herausschraubt.

NATUR, KUNST UND KULTUR

Wesentlich ruhiger geht es in dem Wasserschloss Moyland zu, das rund vier Kilometer nördlich der Stadt Kalkar liegt. Hier kommt der Kunstliebhaber auf seine Kosten. Die umfangreichste Sammlung von Arbeiten des bedeutenden Künstlers Joseph Beuys (1921–1986) wird ihn begeistern. Ebenfalls beeindruckend ist das stattliche Schloss und der schöne Park. Jedes Jahr in der Vorweihnachtszeit zieht der romantische Weihnachtsmarkt rund um das Schloss zahlreiche Besucher an, die sich an den zahlreichen Ständen und an der unvergleichlichen Atmosphäre gleichermaßen erfreuen.

Exponate der besonderen Art bietet der TerraZoo in Rheinberg, der sich den Reptilien verschrieben hat. Viel Vergnügen bereitet auch der Besuch im Wildpark in Weeze mit seinem Natur-Erlebnis-Pfad und dem Streichelzoo.

Das beeindruckende Wasserschloss Moyland wurde erstmals 1307 urkundlich erwähnt.

INFOS & ADRESSEN

STELLPLATZ: Unter anderem die Orte Emmerich, Goch, Kalkar, Kleve, Kranenburg, Moyland, Rees, Sonsbeck, Weeze und Wesel verfügen über Stellplätze. Der »WomoPark Xanten« ist rund fünf Gehminuten von der Altstadt entfernt und trumpft mit bester Ausstattung auf (Wellness): Fürstenberg 6, 46509 Xanten, Tel. 02804/21 95 88, www.womopark-xanten.de, GPS 51°39'15"N, 6°27'55"E.

CAMPINGPLATZ: Campingplätze befinden sich unter anderem in Labeck, Wesel und Grietherort. Zu den besten Campingplätzen am Niederrhein gehört der »Ferien- und Campingpark Wisseler See«, der eine reizvolle Lage am See hat und über einen breiten Badestrand verfügt. Zur Ausstattung gehören moderne Sanitärgebäude, Animation, Restaurant, Sportanlagen und Bootsvermietung: Zum Wisseler See 15, 47546 Kalkar-Wissel, Tel. 02824/963 10, www.wisseler-see.de, GPS 51°45'39"N, 6°17'6"E.

INFOS: Niederrhein Tourismus GmbH, Willy-Brandt-Ring 13, 41747 Viersen, Tel. 02161/81 79 03, www.niederrhein-tourismus.de

TIPP: Einkehren in Kalkar! Das gastronomische Angebot ist rund um den historischen Marktplatz von Kalkar besonders gut. Hier kommt jeder Geschmack auf seine Kosten (www.kalkar.de).

25 DÜSSELDORF

Lebendige Rheinmetropole

Die Landeshauptstadt von Nordrhein-Westfalen bietet insbesondere für den Reisemobilisten einige Superlative. So findet mit dem Caravan Salon die größte Messe zum Thema »Mobile Freizeit« statt, an den Messetagen stellt man das Wohnmobil auf dem weltweit größten Stellplatz ab. Alternativ kann man direkt am Rhein stehen, dann sind es nur wenige Schritte in die lebendige Altstadt mit den viele Einkaufsstraßen, unter denen die »Kö« sehr beliebt ist.

Die quirlige Metropole Düsseldorf liegt am Rhein und ist die Landeshauptstadt von Nordrhein-Westfalen. Sie beherbergt rund 640 000 zufriedene Bürger und gehört zu den bedeutenden deutschen Wirtschaftsmetropolen. So haben sich zahlreiche Unternehmensberatungen, Werbeagenturen, Finanzdienstleister und Anwaltskanzleien in Düsseldorf niedergelassen. Auch Japaner zog es nach Düsseldorf. Deshalb trifft man hier auf die größte japanische Gemeinde in Deutschland. Heute kann die Stadt gleich mehrere Attribute auf sich vereinigen: Sie ist Mode-, Kunst- und Universitätsstadt sowie Messe- und Kongressstadt. Sie verfügt über den drittgrößten Flughafen Deutschlands und ist auch eine Hochburg der »Fünften Jahreszeit«, des Rheinischen Karnevals.

ETWAS STADTGESCHICHTE

Die Geschichte der Stadt beginnt mit dem Jahr 1135, in dem »Düsseldorp« erstmalig urkundlich erwähnt wurde. Im Jahr 1288 erhielt das »Dorf an der Düssel« die Stadtrechte. Im 16. Jahrhundert wurde die Stadt die Residenzstadt der Herzöge von Jülich, Kleve und Berg. 1609 hinterließ der Herzog von Berg nach seinem Tod keinen Nachfahren und es begann eine lange Zeit des Streits um die Hinterlassenschaften. Erst

Der Rheinturm prägt die Silhouette der Landeshauptstadt von NRW.

Am Düsseldorfer Medienhafen tummeln sich Bauwerke mit progressiver Architektur, etwa die Frank-O.-Gehry-Häuser (links). Blick in den Landtag von Nordrhein-Westfalen (rechts).

der Kurfürst Johann Wilhelm, im Volksmund »Jan Wellem« genannt, brachte Ruhe und Stabilität. Er legte die Neustadt an und förderte die Kunst. Mitte des 19. Jahrhunderts wandelte sich Düsseldorf zu einer wichtigen Industriestadt. Auch heute ist die Stadt noch im Wandel, was man im beliebten Medienhafen gut erkennen kann.

DER KULTIGE MEDIENHAFEN

Mittlerweile hat sich der Medienhafen zum modernen Aushängeschild der Stadt entwickelt. Lediglich nostalgische Verladekräne erinnern daran, dass er ein alter Handelshafen war. In der schicken wellengeschützten Marina liegen heute teure Motorboote, rund um das Hafenbecken entstanden spektakuläre Gebäude. Die schiefen Bauwerke tragen die Handschrift des Architekten Frank O. Gehry und sind der Blickfang im Hafen. Ebenfalls alle Blicke ziehen die »Flossis«, bunte überdimensionale Flossenmännchen, auf sich. Sie klettern die Fassade eines sonst schmucklosen Hauses hoch. Etwas weiter ist von Nüchternheit keine Spur, denn farbige Flächen zieren das bunte Hochhaus. Nicht nur von außen, sondern auch von innen begeistern die Bauwerke, denn viele locken mit einer einladenden Gastronomie von Sushibar bis Nespresso-Boutique die Hafengäste.

Nur wenige Schritte sind es zum Rheinturm. Mit einer Höhe von 240 Metern ist er das höchste Bauwerk der Stadt. Aus einer Höhe von 180 Metern hat man einen grandiosen Blick über die Stadt, den Rhein und das flache Umland. Direkt unterhalb des Turms befindet sich der Landtag mit seiner schwungvollen Architektur. Hier wird über die Entwicklung des Landes Nordrhein-Westfalen entschieden. Vom Landtag erreicht man die lange Rheinufer-Promenade.

FLANIEREN AM RHEIN ENTLANG

Das Herz der Stadt schlägt auf dem Burgplatz mit dem Burgturm, in dem heute das Schifffahrtsmuseum untergebracht ist, und mit dem Radschlägerbrunnen. Auf den Stufen sitzt man meist in geselliger Runde, schaut auf den Rhein und beobachtet die Frachtschiffe, Ausflugsdampfer und Freizeitkapitäne. Danach schlendert man die Rheinufer-Promenade entlang und spürt gerade an heißen Sommertagen ein mediterranes Flair. Die Promenadencafés sind dann gut besucht und vorbei an Palmen blickt man auf die Wellen des Rheins. Auf der gegenüberliegenden Uferseite sind die Patrizierhäuser von Oberkassel ein Blickfang. Viele Ausflugsschiffe haben ihren Anleger direkt an der Promenade und freundliche Mitarbeiter informieren über die Ziele und die Abfahrtszeiten für eine lohnenswerte Schifffahrt über den längsten Fluss Deutschlands. Von der Promenade sind es nur wenige Schritte bis in die Altstadt.

ALTSTADT UND ENTERTAINMENT

In der Altstadt kommt bei 260 Lokalen, urigen Kneipen, rustikalen Brauhäusern, gediegenen Restaurants und ansprechenden Cafés keine Langeweile auf. Die Dichte an Lokalen hat der Stadt den Beinamen »längste Theke der Welt« eingebracht, was auch nach dem Bierkonsum immer wieder gerne besungen wird. Wie schön, dass man nach einem abendlichen Kneipenbummel und nach einem Spaziergang am Rhein entlang, bequem zu seinem »rollenden Hotelzimmer« gelangt. Unter den vielen Kneipen sollte man am späten Nachmittag mal ein Altbier beim »Uerigen« trinken und ein Mettbrötchen bestellen. Ebenfalls in der Altstadt befindet sich der Marktplatz mit dem prächtigen Rathaus von 1573 und dem Reiterstandbild »Jan Wellem« von 1711. Ruhig wird es am Abend weder in der Altstadt noch auf den vielen Bühnen. Das Programm ist riesig und reicht von Opern in der »Deutschen Oper am Rhein« über Musicals im »Capitol Theater«, Schauspiel im »Düsseldorfer Schauspielhaus«, Konzerten in der »Tonhalle« und Varieté im »Roncalli's Apollo Varieté Theater« bis hin zum politischen Kabarett im bekannten »Kom(m)ödchen«, dem ersten politischen Kabarett Deutschlands.

SHOPPING IST ANGESAGT

Die Einkaufsmöglichkeiten sind in Düsseldorf hervorragend und über die Stadtgrenzen hinaus ist die »Kö« (Königsallee) bekannt. Exklusive Modeboutiquen reihen sich hier aneinander und nehmen so manche Kreditkarte in Anspruch. Am nördlichen Ende der »Kö« bietet die Einkaufspassage Schadow-Arkaden einige

Der Uecker-Nagel am Kö-Bogen war ein Geschenk des Industrie-Clubs zum 100-jährigen Bestehen der Stadt Düsseldorf (links). Das Restaurant »Zum Schiffchen« befindet sich im Herzen der Altstadt (rechts).

ansprechende Geschäfte unter einem Dach. Abseits der Königsallee sind einige Straßenzüge verkehrsberuhigt und haben eine ansprechende Fußgängerzone. Hier findet man unterschiedliche Geschäfte für den großen und kleinen Geldbeutel geöffnet.

KUNST UND KULTUR

KUNST UND KULTUR werden in Düsseldorf großgeschrieben. Bereits der Kurfürst »Jan Wellem« förderte die Kunst. Darüber hinaus war es der Bildhauer und Aktionskünstler Joseph Beuys, der an der Kunstakademie Düsseldorf lehrte. Erste Adresse sind die Kunstsammlung Nordrhein-Westfalen K20 mit Werken aus dem 20. Jahrhundert und K21 mit Exponaten aus dem 21. Jahrhundert. Kunstliebhaber werden ebenfalls Gefallen an dem »museum kunst palast« oder der Kunsthalle Düsseldorf finden. Wertvolle Keramiken sind in dem Hetjens-Museum Düsseldorf (Deutsches Keramikmuseum) zu bestaunen. Zu den weiteren interessanten Sehenswürdigkeiten zählen das Film-, das Goethe-, das Stadt-, das Theater- und das Senfmuseum. Für Freunde der Meeresfauna lohnt sich der Besuch des Aquazoos, direkt nebenan befindet sich der Ruhe spendende Nordpark.

AUSFLUG ZUM SCHLOSS BENRATH

Südlich von Düsseldorf lockt das Schloss Benrath. Inmitten einer weitläufigen und reizvollen Parkanlage ließ der Kurfürst Carl Theodor den Prunkbau errichten. Das spätbarocke Schloss wurde 1773 fertiggestellt. In den benachbarten Gebäuden ist das Museum für Gartenkunst, Naturkunde und Corps de Logis (höfisches Leben) untergebracht.

Nicht nur ein Besuch des Hetjens-Museum in Düsseldorf lohnt sich (oben rechts), sondern auch ein Ausflug zum Schloss Benrath (links). Der Parkplatz Rheinterrasse (unten rechts).

INFOS & ADRESSEN

STELLPLATZ: Zu den Zeiten der Freizeitmesse »Caravan Salon« (Ende August–Anfang September) wird aus dem Messeparkplatz P1/Feld 13 ein riesiger kostenpflichtiger Stellplatz. Ansonsten steht man bestens auf dem ebenen Parkplatz Rheinterrasse. Aus dem Reisemobil heraus blickt man direkt auf die vielen passierenden Fracht- und Ausflugsschiffe. Zur lebendigen Altstadt sind es nur wenige Gehminuten: Robert-Lehr-Ufer 1, 40479 Düsseldorf, Tel. 0211/5867070, www.duesseldorf.de, GPS 51°14‘0“N, 6°46‘16“E.

CAMPINGPLATZ: Der schöne »Campingplatz Unterbacher See/Nord« befindet sich am Unterbacher See: Kleiner Torfbruch 31, 40627 Düsseldorf, Tel. 0211/8992038, www.unterbachersee.de, GPS 51°11‘58“N, 6°53‘12“E.

INFOS: Düsseldorf Marketing & Tourismus GmbH, Marktstr. 6d, 40213 Düsseldorf, Tel. 0211/17202867, www.duesseldorf-tourismus.de

TIPP: Wer in Düsseldorf das reichhaltige Kulturangebot nutzen möchte, sollte sich die DüsseldorfCard zulegen. Sie ermöglicht freie Eintritte, Ermäßigungen bei Attraktionen sowie freie Fahrt mit Bussen und Bahnen in Düsseldorf (www.duesseldorf-tourismus.de).

26 RUHRTALRADWEG

Tour de Ruhr auch für Reisemobilisten

Der rund 230 Kilometer lange RuhrtalRadweg gehört zu den schönsten Radwegen in Deutschland. Zwischen Ruhrquelle und Ruhrmündung liegen nette Orte und gute Stell- und Campingplätze, von denen man Etappen auf dem naturnahen Radweg fahren kann.

Ausgangspunkt des 2006 eingerichteten RuhrtalRadwegs ist die Ruhrquelle am Ruhrkopf nahe Winterberg im Rothaargebirge. Zwischen der Wander- und Skiregion im sauerländischen Winterberg und dem größten europäischen Binnenhafen von Duisburg kommt bei den Radfahrern keine Langeweile auf.

ES GEHT BERGAB

Wer bergab fährt, kann mit jedem Kilometer beobachten wie aus dem Rinnsal ein stattlicher Fluss wird. Allerdings liegen dazwischen einige Etappen und zahlreiche Pausen. Denn auch wenn der ständige Begleiter sich seinen Weg durch das Sauerland bahnt und natürlich bergab fließt, geht es für die Radsportler abseits des 220 Kilometer langen Flusses auch mal bergauf. Eine Pause lohnt sich in Assinghausen. Das Rosendorf kann mit rund 150 Rosenarten und makellosen Fachwerkhäusern glänzen. Nächstes Highlight ist das Dorf Eversberg, das jedoch einige Kilometer abseits der Ruhr liegt.

RADWEG DER GEGENSÄTZE

In Meschede kann man erstmalig städtisches Flair erleben. Im nächsten Abschnitt muss man zahlreiche Brücken überqueren. Asphaltierte Radwege mit sanften Anstiegen und mit mäßigem Gefälle stehen hier auf dem Programm. Nach Freienohl lohnt ein Stopp in Arnsberg. Das Herz der mittelalterlichen Stadt schlägt

Der gut ausgeschilderte RuhrtalRadweg bietet Radlspaß für Jung und Alt gleichermaßen.

rund um den malerischen Marktplatz mit einladenden Gasthäusern, netten Geschäften und dem Sauerlandmuseum. Unerwartete Attraktion ist die Schlossruine mit den Weinreben. Mit Arnsberg verlässt der Reisemobilist den Arnsberger Wald. Von nun führt der Radweg durch breite und ebene Ruhrauen, was die Radtour komfortabler macht. So erreicht man nahezu erholt so manches Highlight wie das prächtige Herrenhaus Echthausen, das Kettenschmiedemuseum in Fröndenberg oder die Schwerter Senfmühle.

Im weiteren Verlauf wurde die Ruhr immer wieder aufgestaut und es entstanden große Stauseen. Zu ihnen zählen der Hengsteysee, der Harktortsee, der Kemnader oder der bekannte Baldeneysee. Die Ruhr zieht sich wie eine Lebensader durch das Ruhrgebiet, den »Pott«, in dem die Förderung von Kohle und die Eisen- und Stahlindustrie den Menschen ein erträgliches Einkommen bescherte. Heute stehen die Fördertürme still. Ein Rundgang lohnt sich dann in Hattingen, das mit schönem Fachwerk aufwarten kann. Das Strampeln durch den größten Ballungsraum Europas, das Ruhrgebiet, bietet Trubel und Stille sowie einige historische Wasserburgen.

LETZTE ETAPPE

Auf den letzten 50 Kilometern sollte man Essen-Kettwig und Mülheim seine Aufmerksamkeit schenken. Die Ruhr ist hier breit und schiffbar. Im Duisburger Stadtteil Ruhrort mündet die Ruhr in den Rhein. In Duisburg selbst lohnt sich ein Besuch des Landschaftsparks Duisburg-Nord, des einstigen Hüttenwerks und des angesagten Innenhafens.

Zur Reise entlang der Ruhr gehören ein Besuch des Baldeneysees (oben links), des Landschaftsparks Duisburg-Nord (unten links) und des Kettenschmiedemuseums in Fröndenberg (unten rechts). Ein guter Stellplatz befindet sich an dem Bad »AquaOlsberg« (oben rechts).

INFOS & ADRESSEN

STELLPLATZ: Entlang des RuhrtalRadwegs befinden sich Stellplätze unter anderem in Winterberg, Olsberg, Bestwig, Meschede, Arnsberg, Fröndenberg, Herdecke, Wetter, Hattingen, Mülheim an der Ruhr und Duisburg. Erholsam steht man in Olsberg am AquaOlsberg auf ebenen Plätzen: Zur Sauerlandtherme 1, 59939 Olsberg, Tel. 02962/84 50 50, www.aquaolsberg.de, GPS 51°21'22"N, 8°29'05"E.

CAMPINGPLATZ: Campingplätze befinden sich unter anderem in oder in der Nähe von Winterberg, Olsberg-Bruchhausen, Meschede, Menden, Essen-Horst, Essen-Werden und Mülheim-Mintard. In Hattingen steht man auf dem Campingplatz »Ruhrbrücke« direkt an der Ruhr: Ruhrstr. 6, 45529 Hattingen, Tel. 02324/800 38, www.camping-hattingen.de, GPS 51°24'22"N, 7°10'17"E.

INFOS: Ruhr Tourismus GmbH, Centroallee 261, 46047 Oberhausen, Tel. 01806/18 16 20, www.ruhrtalradweg.de

TIPP: Ein Muss ist der abendliche Besuch im Landschaftspark Duisburg-Nord. Der Lichtkünstler Jonathan Park inszenierte das Lichtspektakel (www.landschaftspark.de).

Auf der Domplatte finden Straßenkünstler meist ein großes Publikum.

27 KÖLN

Rheinischer Frohsinn im Schatten des Doms

Die Rheinmetropole Köln ist bekannt für den Karneval, den imposanten Dom, die lebendige Altstadt und ihr gutes Kulturprogramm. Auf der Rheinpromenade flanieren sowohl Kölner als auch Besucher, und auf dem Rhein bieten die Ausflugsschiffe einen anderen Blickwinkel. Die lockere »kölsche Lebensart« zu erleben bereitet viel Freude, insbesondere wenn das Reisemobil nicht weit entfernt steht.

Die Metropole Köln in Nordrhein-Westfalen gehört neben Berlin, Hamburg und München zu den deutschen Millionenstädten. Rund 1,1 Millionen Menschen leben mittlerweile in der Domstadt. Die Stadt am Rhein ist vielseitig: Sie ist Messestadt, Sitz des Erzbischofs sowie eine Konzert- und Musicalmetropole. Rundfunk- und Fernsehanstalten, unzählige Zeitschriftenhäuser sowie zahlreiche Verlage machen sie zu einer wichtigen Medienstadt. Sie ist eine multikulturelle Metropole mit Bürgern, die aus über 180 Nationen stammen. Mehr als 200 ausländische Kulturinitiativen und 23 Partnerstädte in der ganzen Welt zeigen, wie weltoffen Köln ist. Darüber hinaus verfügt Köln über eine große schwul-lesbische Community, rund jeder zehnte Stadtbewohner ist homosexuell, was alljährlich beim Christopher Street Day ausgiebig gefeiert wird. Mit mehr als 70 000 Studenten ist sie auch eine bedeutende Universitätsstadt. Zu den bekannten »Söhnen« der Stadt gehören in erster Linie der Schriftsteller und Literatur-Nobelpreisträger Heinrich Böll und der erste Bundeskanzler Konrad Adenauer. Über die Stadtgrenzen hinaus ist auch der 1. FC Köln bekannt. Mit mehr als 3300 gastronomischen Betrieben hat Köln die höchste Kneipendichte in Deutschland. An den vielen urigen Kneipen wird der Reisemobilist sicherlich seinen Gefallen finden und sich gerne ein Kölsch servieren lassen. In der Vorweihnachtszeit strömen ebenfalls viele Besucher nach Köln, denn dann kann die Stadt mit attraktiven Weihnachtsmärkten auftrumpfen.

EINE DER ÄLTESTEN STÄDTE

Mit Trier, Worms und Xanten gehört Köln zu den ältesten Städten in Deutschland. Die Spuren der Stadt lassen sich bis in die Römerzeit zurückverfolgen. Damals gab es eine Siedlung mit dem Namen »Colonia Claudia Ara Agrippinensium«. Im frühen Mittelalter zählte Köln zu den wichtigsten Städten des Landes und entwickelte sich neben Lübeck zu einer bedeutenden Hansestadt. Viele Kirchen entstanden und insbesondere durch den Schrein der Heiligen Drei Könige zog das »Heilige Köln« unzählige Pilger an. Im Zweiten Weltkrieg wurden rund 90 Prozent des Stadtzentrums zerstört. Schäden richten auch die Hochwasser an. 1993 und 1995 trat der Rhein über die Ufer und überflutete die Kölner Innenstadt.

HAUPTATTRAKTION DOM

Die Liste der Attraktionen ist lang! Ganz oben steht der Dom, der auch in die UNESCO-Weltkulturerbe-Liste aufgenommen wurde. Der Kölner Dom ist die größte Kathedrale in Deutschland und weltweit das drittgrößte Kirchenbauwerk. Er blickt auf eine rund 750-jährige Geschichte zurück und ist ein Meisterwerk der Hochgotik. Mit dem Bau des Doms wurde bereits im Jahr 1248 begonnen und erst 1880 konnte der Bau abgeschlossen werden. Das kostbare Inventar besteht unter anderem aus Monstranzen, Insignien und dem berühmten Schrein der Heiligen Drei Könige, einem der bedeutendsten mittelalterlichen Kunstschätze. Der 157 Meter hohe Dom mit seinem gewaltigen Innenraum, in dem mehr als hundert Pfeiler das Gewölbe tragen, zieht den Besucher sofort in seinen Bann. In der Südquerhausfassade beeindrucken seit dem Jahr 2007 die neuen Glasfenster. Die insgesamt rund 100 Quadratmeter großen Fenster wurden von dem Kölner Maler Gerhard Richter entworfen und stechen durch ihre Farbenvielfalt hervor. Von außen begeistert das filigran gestaltete und figurenreiche Petersportal in der Westfassade, das im 14. Jahrhundert entstanden ist. Nach der Besichti-

Der Kölner Dom prägt die Silhouette der Stadt (links). Das Römisch-Germanische Museum ist einen Besuch wert (rechts).

gung sollte man den Südturm hinaufsteigen (509 Stufen) – der Ausblick über den Rhein und die Stadt ist umwerfend.

BEDEUTENDE MUSEEN

Neben dem Dom befindet sich das Römisch-Germanische Museum, das bis voraussichtlich 2024 wegen Sanierung geschlossen ist. Zu den vielen sehenswerten archäologischen Funden gehört das Dionysosmosaik aus dem zweiten Jahrhundert n. Chr., das einst den Speisesaal einer römischen Villa zierte. Ins Auge fallen neben dem römischen und germanischen Goldschmuck auch die vielen Skulpturen, Keramiken und Möbel. Nur wenige Schritte sind es zum Museum Ludwig, das zu den renommierten Museen des Landes gehört. Die Sammlung des Aachener Fabrikanten Ludwig ist seit 1976 in Köln zu bewundern und liefert einen sehenswerten Querschnitt der Kunst des 20. Jahrhunderts. Werke namhafter Künstler wie Picasso oder Dalí ziehen in dem Museum alle Blicke auf sich. Kunst vom Mittelalter bis zum 19. Jahrhundert gibt es im Walraf-Richartz-Museum zu bestaunen. Die Liste der bekannten Künstler reicht von Cranach dem Älteren über Dürer und Rubens bis hin zu Monet und Rembrandt, dessen Selbstbildnis von 1668 berühmt ist. Das »Museum für Ostasiatische Kunst« ist das einzige Museum seiner Art, das sich der Kunst aus Korea, Japan und China widmet. Die Museumslandschaft in Köln ist vielseitig. Es lohnt sich ein schmackhafter Besuch im Schokoladenmuseum. Weitere interessante Museen sind das Kölnische Stadtmuseum, das Theatermuseum, das Käthe Kollwitz Museum, das Deutsche Sport & Olympia Museum, das Straßenbahnmuseum der KVB und natürlich das Karnevalsmuseum, das über die fünfte Jahreszeit informiert.

»KÖLLE ALAAF«

Am 11.11. um 11.11 Uhr wird auf dem Ostermann-Platz die närrische Zeit eingeläutet. Am weltweit beachteten Rosenmontagszug ziehen dann Tanz- und Musikgruppen, originelle Wagen und das Kölner Dreigestirn durch die Straßen und versorgen die unzähligen Passanten unter anderem mit geworfenen Bonbons.

Im Deutschen Sport & Olympia Museum können Besucher nicht nur Exponate bestaunen, sondern selbst sportlich aktiv werden (links). Danach kann man sich zum Beispiel am Heumarkt stärken (rechts).

Getrunken wird in der närrischen Zeit besonders gerne das Kölsch, ein weiteres Markenzeichen Kölns. Das typische obergärige Bier, von dem es bereits 24 Sorten gibt, wird vom »Köbes«, dem Kellner, serviert. Ein bedeutendes »Duftwasser» ist 4711 – echt Kölnischwasser, das man zum Beispiel in der Glockengasse, im Haus mit der Nummer 4711, kaufen kann. Wer noch weitere Mitbringsel sucht, hat in Köln keine Probleme, die passenden Geschäfte zu finden. Die Fußgängerzone der stark frequentierten Schildergasse mit interessanten Läden endet am Neumarkt. Dieser kann mit Einkaufspassagen und dem Käthe-Kollwitz-Museum aufwarten. Weitere lohnenswerte Einkaufsstraßen sind Hohe Straße, Ehrenstraße, Pfeilstraße und Mittelstraße.

FLANIEREN UND ABLEGEN

Während viele Menschen durch die Einkaufsstraßen hetzen, wird auf der schönen Rheinpromenade in aller Ruhe flaniert. Hier bleibt man stehen und blickt auf Frachtschiffe, Sportboote und die vielen Ausflugsschiffe, die hier ihren Anleger haben. Große Schilder informieren über die Ziele und Abfahrtszeiten der Passagierschiffe. Eine große Auswahl an Schiffsfahrten bietet die Traditionsreederei Köln-Düsseldorfer Deutsche Rheinschifffahrt unter anderem mit musikalischen Abendfahrten oder Fahrten bis zum Drachenfels.

Neben diesen Schiffsausflügen lohnt sich auch ein Abstecher zum 15 Kilometer entfernten Rokoko-Schloss Augustusburg, auch Schloss Brühl genannt. Ebenso wie der Dom wurde das aus dem 18. Jahrhundert stammende Schloss in die Weltkulturerbeliste der UNESCO aufgenommen.

Direkt am Rhein entstanden mit den modernen Kranhäusern drei Büro- und Wohnhäuser (links). Im Grünen und dennoch zentral liegt der Reisemobilhafen in Köln (oben rechts). Im Museum Ludwig ist Kunst des 20. und 21. Jahrhunderts ausgestellt (unten rechts).

INFOS & ADRESSEN

STELLPLATZ: Der »Reisemobilhafen Köln« liegt direkt am Rhein innerhalb der Umweltzone. Über eine Transitstrecke ist die Zufahrt frei (siehe Website). Zum Stadtzentrum sind es lediglich zwei Kilometer. Hierbei spaziert man am Rheinufer entlang oder fährt mit dem Fahrrad (alternativ: U-Bahn). Der ausgeschilderte Platz liegt hinter dem Jugendgästehaus. In der Hauptsaison sollte vorher reserviert werden: An der Schanz, 50735 Köln-Riehl, Tel. 0178/467 45 91, www.reisemobilhafen-koeln.de, GPS 50°57'44"N, 006°59'9"E.

CAMPINGPLATZ: Der nächste Campingplatz befindet sich in Köln-Poll direkt am rechten Rheinufer, rund fünf Kilometer südlich von der Kölner Altstadt. Campingplatz Stadt Köln: Weidenweg 35, 51105 Köln-Poll, Tel. 0221/83 19 66, www.camping-koeln.de, GPS 50°54'10"N, 6°59'28"E.

INFOS: Köln Tourismus GmbH, Kardinal-Höffner-Platz 1, 50667 Köln, Tel. 0221/34 64 30, www.koelntourismus.de

TIPP: Kneipen sind in Köln zahlreich. Ein Kölsch sollte man im »Päffgen« probieren. Das urige Lokal befindet sich in der Friesenstraße. Seit 1884 wird hier Kölsch gebraut (www.paeffgen-koelsch.de).

28 NATIONALPARK EIFEL

Naturnahe Erlebnisse im Nationalpark

In Deutschland gehören Nationalparks zu den touristischen Attraktionen. Ein besonderes Stück Natur wird unter Schutz gestellt und dem Besucher zugänglich gemacht, wie der Nationalpark Eifel. Er lässt sich bestens auf Schusters Rappen oder mit dem Rad erkunden.

Der Nationalpark Eifel wurde 2004 eingerichtet und gehört somit zu einem jungen Naturschutzgebiet. Der Nationalpark Eifel ist der einzige Nationalpark in Nordrhein-Westfalen und umfasst eine Fläche von beachtlichen 110 Quadratkilometern. Er erstreckt sich auf einer Höhe von 200–600 Metern und ist Teil des Deutsch-Belgischen Naturparks, der sich auf einer Fläche von 2700 Quadratkilometern über Teile von Nordrhein-Westfalen, Rheinland-Pfalz und Ostbelgien erstreckt. »Wald, Wasser, Wildnis«, so lautet das Motto des Nationalparks Eifel. Für das Markenzeichen »Wald« stehen der Höhenzug Kermeter mit dem größten zusammenhängenden Buchenwald in der Eifel-Ardennen-Region und die vielen Eichen- und Buchenmischwälder. Darüber hinaus stößt man entlang der Flüsse auf Auen- und Schluchtwälder. Für »Wasser« stehen die Stauseen Rurtalsperre, Obersee und die große Urfttalsperre.

INFORMATIVES NATIONALPARK-TOR

Vor dem Besuch des Nationalparks sollte man sich in dem sogenannten Nationalpark-Tor informieren. Freier Eintritt und eine Fülle an touristischen und nationalparkspezifischen Informationen kennzeichnen die Nationalpark-Tore, die in Rurberg, Gemünd, Heimbach, Nideggen und Höfen zu finden sind. Mit dem Ranger oder auf eigene Faust kann man lohnenswerte Wanderungen unternehmen. Alternativ ist man auch prima mit dem Rad unterwegs. Das Netz

Das schönste Städtchen vor den Toren des Nationalparks Eifel ist Monschau.

der Rad- und Wanderwege ist vorbildlich ausgebaut und gut ausgeschildert. Abseits der Hauptwege wird es für den Wanderer ruhiger, und statt breiter Wege läuft man auf schmalen Pfaden, zum Beispiel durch reizvolle Mischwälder. Für ambitionierte Wanderer steht der »Wildnis-Trail« zur Verfügung. Vom südlichen Ende bis zur nördlichen Spitze wird der Nationalpark durchwandert. Hierbei ist der Wanderer auf vier Etappen unterwegs.

BESONDERE TIER- UND PFLANZENWELT

Beachtliche 930 gefährdete Tier- und Pflanzenarten sind im Nationalpark anzutreffen. Besondere Vertreter der Tierwelt sind der wieder heimisch gewordene Biber, die Mauereidechse, Dachs, Wildschwein und das größte deutsche Säugetier, der Rothirsch. Bedeutende Vogelarten sind unter anderem der Schwarzstorch, der Schwarzspecht, der Neuntöter, der Turmfalke, der Uhu, der Wespenbussard, der Rote und Schwarze Milan sowie der schillernde, flinke Eisvogel. Wappentier des Nationalparks ist die Wildkatze, die im 19. Jahrhundert in der Region nahezu ausgerottet war.

AUSFLUG NACH MONSCHAU

Wenige Kilometer westlich der Nationalparkgrenzen liegt Monschau. Vom Stellplatz sind es nur wenige Meter bis in die Altstadt. Es geht durch enge Gassen, vorbei an alten Fachwerkhäusern. In vielen Restaurants kann man sich stärken, oder man probiert das »Montjoier Dütchen«, ein leckeres Biskuithörnchen.

Beliebtes Ziel ist der erholsame Rursee (oben links). Sehr informativ ist der barrierefreie Weg »Der wilde Weg« (unten links) im Nationalpark. In Heimbach befindet sich ein Stellplatz (oben rechts) in der Nähe des Nationalpark Tors (unten rechts).

INFOS & ADRESSEN

STELLPLATZ: Stellplätze befinden sich in Heimbach, Hellenthal-Udenbreth, Kall-Goldbach, Monschau und Schleiden-Gemünd sowie am Forum Vogelsang. Ein idealer Ausgangspunkt, um den Nationalpark Eifel kennenzulernen, ist der Stellplatz in Rurberg, in der Nähe des Nationalpark-Tors: Seeufer 3, 52152 Simmerath-Rurberg, Tel. 02473/93770, www.rursee.de, GPS 50°36'19"N; 6°22'50"E.

CAMPINGPLATZ: Campingplätze findet der Reisemobilist in Schleiden und Heimbach. Ein guter Campingplatz ist der »Campingplatz Dieffenbachtal«: Im Wiesengrund 39, 53937 Schleiden, Tel. 02445/7030, GPS 50°31'41"N, 6°27'47"E.

INFOS: Landesbetrieb Wald und Holz NRW, Nationalparkforstamt Eifel, Urftseestr. 34, 53937 Schleiden-Gemünd, Tel. 02444/95100, www.nationalpark-eifel.de

TIPP: Relaxen am Rursee. Ein idealer Ort zum Entspannen ist die Badebucht unterhalb vom Stellplatz in Rurberg. Hier kann man bei sommerlichen Temperaturen im Sand liegen, sich im Wasser erfrischen oder sein Badelaken auf der Liegewiese ausbreiten.

29 EISENACH

Kleine Stadt – große Namen

Das thüringische Städtchen Eisenach ist eng verbunden mit Persönlichkeiten wie dem Minnesänger Walther von der Vogelweide, dem Dichter Fritz Reuter, dem Komponisten Johann Sebastian Bach und natürlich dem Reformator Martin Luther, der auf der Wartburg lebte.

Rund 43000 Menschen leben in Eisenach, das mit einer reizvollen Altstadt und der berühmten Wartburg aufwarten kann. Erstmalig urkundlich erwähnt wurde »Isinacha« 1150. Am Fuße der Burg, deren Bau vermutlich um das Jahr 1067 begann, entwickelte sich der Ort: 1869 wurde der Gründungsparteitag der Sozialdemokratischen Arbeiterpartei abgehalten, 1896 die dritte Kraftfahrzeugfabrik Deutschlands in Eisenach errichtet. Zu DDR-Zeiten wurde der »Wartburg« gefertigt, seit 1991 produziert Opel in Eisenach (Automuseum).

AUF DEN SPUREN LUTHERS

Das Herz der Stadt schlägt am Markt. Hier stehen das Rathaus (1508), das barocke Stadtschloss, das um 1750 erbaut wurde, und die Pfarrkirche St. Georg (1180), in der Martin Luther predigte. Vor der Kirche findet man den Georgenbrunnen mit dem Schutzpatron der Stadt. Nur wenige Schritte sind es vom schönen Marktplatz zum Lutherplatz, an dem das Lutherhaus steht. In dem einstigen Wohnhaus Luthers, einem der schönsten Fachwerkhäuser Thüringens, kann man sich über das Leben und Werk des Reformators informieren. Durch die schöne Fußgängerzone, die Karlsstraße, vorbei an netten Läden und einladender Gastronomie, erreicht man den Karlsplatz. Hier erinnert ein großes Denkmal von 1895 an Martin Luther. Unweit stehen das Nikolaitor, die spätromanische Nikolaikirche und das nur zwei Meter breite »Schmale Haus«. Eine weitere Attraktion ist

Das klassizistische Landestheater in Eisenach bietet rund 500 Zuschauern Platz.

das Bachhaus, in dem der große Komponist Johann Sebastian Bach (1685–1750) geboren wurde. In dem Haus und dem Anbau kann man sich über den Komponisten, seine musikalische Familie und seine Werke informieren. Das Reuter-Wagner-Museum ist in dem Geburtshaus des Dichters Fritz Reuter (1810–1874) untergebracht. Ausstellungen informieren über den Dichter und den Komponisten Richard Wagner (1813–1883).

DIE WARTBURG THRONT ÜBER DER STADT

1999 wurde die Wartburg in die UNESCO-Weltkulturerbe-Liste aufgenommen. Kein Wunder, denn sie gehört zu den bedeutendsten Burgen des Landes. Anfang des 13. Jahrhunderts sollen hier Minnesänger (unter anderem Walther von der Vogelweide) ihre Wettstreite durchgeführt haben. Berühmt wurde die Burg durch Martin Luther, der im Winter 1521/1522 auf der Burg lebte und das Neue Testament übersetzte. Eine Zugbrücke stellt den einzigen Zugang zur Wartburg dar, dann erreicht man den Burghof mit seinen Fachwerkhäusern. Am zweiten Burghof befinden sich die große Zisterne und der älteste Gebäudeteil Palas mit seinen prächtigen Sälen und dem wertvollen Inventar. Neben gotischen Wandteppichen können hier auch Gemälde von Lucas Cranach dem Älteren bestaunt werden. Ebenfalls sehenswert ist die Lutherstube mit einer originalen Einrichtung. Die Burgbesichtigung sollte man auf jeden Fall mit der Besteigung des Südturmes krönen, denn der Ausblick ist fantastisch.

Die geschichtsträchtige Wartburg gehört zu den vielbesuchten Attraktionen in Thüringen (links). Das renovierte Stadtschloss steht in der Altstadt direkt am Markt (unten rechts). In der Karl-Marx-Straße steht ein Stellplatz zur Verfügung (oben rechts).

INFOS & ADRESSEN

STELLPLATZ: Eisenach bietet zwei Stellplätze. Beim Wohnmobilhändler Waldhelm (Ringstr. 27) im nördlichen Ortsteil Stregda kann man übernachten. Zentraler parkt und übernachtet man auf dem Stellplatz »Parkplatz Karl-Marx-Straße« am nördlichen Rand der Altstadt: Karl-Marx- Str., 99817 Eisenach, Tel. 03691/792 30, www.eisenach.info, GPS 50°58‘44“N, 10°19‘10“E.

CAMPINGPLATZ: Der »Campingpark Eisenach« hat eine ruhige Lage an dem Natursee Altenberger See, rund zehn Kilometer südlich von Eisenach (Wilhelmsthal). Er bietet neben einer guten Ausstattung auch ein Restaurant: Am Altenberger See 1, 99819 Wilhelmsthal, Tel. 03691/21 56 37, www.campingpark-eisenach.de, GPS 50°54‘35“N, 10°18‘04“E.

INFOS: Eisenach-Wartburgregion Touristik GmbH, Markt 24, 99817 Eisenach, Tel. 03691/792 30, www.eisenach.info

TIPP: 1997 wurden die nördlich von Eisenach liegenden großen Laubmischwälder als »Nationalpark Hainich« (www.nationalpark-hainich.de) ausgewiesen und unter Schutz gestellt. Ein Ausflug dorthin lohnt sich!

30 WEIMAR

Stadt der Deutschen Klassik

Nach Weimar pilgern unzählige Kulturinteressierte und begeben sich auf die Spurensuche von Goethe, Schiller, Herder, Cranach, Bach, Liszt und Gropius. Allesamt deutsche Persönlichkeiten, die maßgeblich jeweils Literatur, Kunst, Musik und Architektur bestimmt haben.

Wer sein Reisemobil am Stellplatz (Hermann-Brill-Platz) geparkt hat, wird zügig in die Altstadt gehen, denn Weimar gehört nicht nur zu den bedeutenden Orten im Osten der Republik, sondern verfügt über eine ansehnliche Altstadt mit vielen baulichen Attraktionen. 1998 wurde Weimar durch die Aufnahme in die UNESCO-Weltkulturerbe-Liste geadelt. Kein Wunder, dass es viele Gäste aus aller Welt in die Stadt (65 000 Einwohner), vornehmlich in die Altstadt, zieht.

RUND UM DEN MARKTPLATZ

Am Marktplatz steht der Besucher inmitten bedeutender Bauwerke wie dem Rathaus, das nach einigen Bränden 1841 im neugotischen Stil aufgebaut wurde, oder dem schönen renaissanceartigen Stadthaus von 1547. Ebenso beindruckend ist das Cranachhaus, in dem der berühmte Maler ein Jahr bis zu seinem Tod 1533 wohnte. Auf dem Marktplatz stößt man auf Stände, an denen man auch die »Thüringer«, eine schmackhafte Bratwurst, bekommt. Vom Markt sind weitere Highlights zu Fuß bequem zu erreichen.

GOETHE UND SCHILLER

Über das Leben und Werk des Dichterfürsten Johann Wolfgang von Goethe kann man sich in Weimar vielerorts informieren. In dem Goethehaus, einem schlichten Haus am Frauenplan, wohnte Goethe bis

Montags bis samstags findet der Grüne Markt auf dem Marktplatz vor dem Rathaus statt.

zu seinem Tod im Jahr 1832. Das Haus und das angegliederte Goethe-Nationalmuseum können besucht werden. In dem nahe gelegenen »Haus der Frau von Stein« ist das Goethe-Institut Weimar untergebracht. Sehenswert ist auch das Goethe-Gartenhaus inmitten des schönen Parks an der Ilm. Es bereitet Freude, durch die Grünanlage zu schlendern, an deren Gestaltung Goethe selbst beteiligt war.

Vor dem Nationaltheater erinnert das große Goethe-Schiller-Denkmal an die beiden großen Literaten. Es steht vor dem geschichtsträchtigen Theater, in dem 1919 die Verfassung der Weimarer Republik verabschiedet wurde. Friedrich Schiller lebte in dem Schillerhaus in der Schillerstraße, das besichtigt werden kann. Gleiches gilt für das Liszt-Haus, in dem der Komponist Franz Liszt lebte. Ein weiteres Highlight ist die berühmte Anna Amalia Bibliothek, die 2004 niederbrannte und seit 2007 wieder zugänglich ist. Darüber hinaus sollte man einen Blick in das dreiflügelige Schloss mit der Kunstsammlung zu Weimar werfen. Sehenswert sind auch das Schloss Belvedere, die Herderkirche von 1500, das Wittumspalais und das Bauhaus-Museum.

STILLE VOR DEN TOREN DER STADT

Die Gedenkstätte Buchenwald befindet sich nordwestlich von Weimar auf dem Ettersberg. Hierbei handelt es sich um das von den Nationalsozialisten 1937 errichtete Konzentrationslager. Bis zur Befreiung am 11. April 1945 wurden hier mehr als 50 000 Menschen ermordet. Im Rahmen von Führungen und Dauerausstellungen kann man sich über dieses grausame Kapitel der deutschen Geschichte informieren.

Vor dem Weimarer Nationaltheater steht die Goethe-Schiller-Statue (links). Das schmucke Schloss Belvedere (oben rechts) mit seinem prächtigen Schlosspark (unten rechts) liegt außerhalb der Altstadt.

INFOS & ADRESSEN

STELLPLATZ: Das Saunabad Weimar (Buttergube 11) verfügt über einen Stellplatz. Wesentlich zentraler, rund einen Kilometer westlich der Altstadt, bietet sich ein weiterer Stellplatz an. Hier steht man auf einem ganzjährig geöffneten Parkplatz: Hermann-Brill-Platz, 99423 Weimar, www.weimar.de, GPS 50°59‘07“N, 11°18‘58“E.

CAMPINGPLATZ: Der Campingplatz »Camping Weimar« liegt rund sechs Kilometer nördlich von Weimar, am Rande des Orts Ettersburg. Zum sehenswerten Schloss Ettersburg sind es rund 1000 Meter: Badteichweg, 99439 Ettersburg, Tel. 03643/49 34 94, www.camping-weimar.de, GPS 51°02‘08“N, 11°17‘13“E.

INFOS: Tourist Information Weimar, Markt 10, 99426 Weimar, Tel. 03643/74 50, www.weimar.de

TIPP: Aufgrund der vielen kulturellen Sehenswürdigkeiten lohnt sich der Kauf der »weimar card«. Mit ihr kann man unter anderem kostenlos an einer Stadtführung teilnehmen, hat kostenfreie Eintritte, kann kostenfrei den Stadtbus nutzen und profitiert von vielen weiteren Vergünstigungen!

31 THÜRINGER WALD

Reich an Kultur und Natur

Der Thüringer Wald liegt im geografischen Zentrum Deutschlands und begeistert Kulturinteressierte und Aktivurlauber gleichermaßen. Im Sommer lockt der legendäre Wanderweg Rennsteig und im Winter die Loipen. Ganzjähriges Ziel sind interessante Städte wie Erfurt.

Dichte Wälder, Täler und einige Stauseen prägen das Landschaftsbild des Thüringer Waldes. Dazwischen liegen höchst interessante Städte und kleine Kurorte. Für Entspannung sorgen Bad Liebenstein, das älteste Heilbad des Freistaates Thüringen, oder Bad Salzungen mit seinem Gradierwerk. In den Kurorten oder Wellnessoasen wie der Avenida-Therme in Hohenfelden erholt man sich, während andere Urlauber die sportliche Seite des Thüringer Waldes kennenlernen, zum Beispiel auf dem bekannten Wanderweg Rennsteig. Dieser insgesamt 168 Kilometer lange Wanderweg ist durch das weiße R bestens markiert. Bereits im Jahr 1330 bestand zwischen Thüringen und Franken ein alter Grenzweg mit dem Namen »Rynnestig«, der sich heute zu einem beliebten Wanderweg entwickelt hat. So geht es für den Wanderer vorbei an alten Grenzsteinen über die Gebirgskämme von Thüringer Wald und Thüringens Schiefergebirge. Der Rennsteig führt auch über den Großen Inselsberg (916 Meter) und den Großen Beerberg (986 Meter), die höchsten Erhebungen der Region.

STÄDTE MIT VERGANGENHEIT

Zu den sehenswerten Orten des Thüringer Waldes gehört die Universitäts- und Goethestadt Ilmenau, in der der Dichterfürst seine Spuren hinterlassen hat. Aber auch an vielen anderen Stellen im Thüringer Wald erinnert man sich an Johann Wolfgang von Goethe oder Persönlichkeiten wie Friedrich Schiller,

Die Altstadt von Thüringens Landeshauptstadt Erfurt zählt zu den größten Deutschlands.

Johann Sebastian Bach oder Martin Luther. In der Nähe hat man vom 861 Meter hohen Berg Kickelhahn einen tollen Ausblick und wird sich vielleicht an Goethes Worte »Über allen Gipfeln ist Ruh…« erinnern. In Schmalkalden stößt man auf Fachwerkidylle und das Schloss Wilhelmsburg. In Rudolstadt beeindruckt das dreiflügelige Schloss Heidecksburg, in dessen prächtigen Rokoko-Festsälen und Zimmern das Thüringer Landesmuseum untergebracht ist. Nördlich des Thüringer Waldes verbindet die Klassikerstraße die Orte Eisenach (siehe S. 98), Gotha, Erfurt und Weimar (siehe S. 100) miteinander. Die Landeshauptstadt Erfurt bietet neben den quirligen Geschäftsstraßen eine Menge beachtlicher Bauwerke, wie den Dom und die St.-Severi-Kirche, den Fischmarkt, die Krämerbrücke oder die Zitadelle Petersberg.

UNBEDINGT SEHENSWERT

Für Pflanzenliebhaber lohnt sich ein Besuch des Rennsteiggartens in Oberhof, in dem rund 4000 Pflanzen aus aller Welt gedeihen. Lauscha bietet ein lehrreiches Museum für Glaskunst, und in Sonneberg kann man in dem Deutschen Puppenmuseum unter anderem Puppen und Spielzeug bestaunen. Ebenfalls sehenswert sind die Schaubergwerke und Tropfsteinhöhlen sowie die Klosterruine Paulinzella, eine romanische Säulenbasilika. Der Thüringer Wald ist auch im Winter ein lohnenswertes Ziel. Dann zieht es Spitzensportler auf die Schanzen, zu den Bobbahnen oder in die Ski-Arena des Wintersportorts Oberhof.

Das Erfurter Angermuseums ist in einem Bau aus dem 18. Jahrhundert untergebracht (links). In Oberhof befindet sich der Stellplatz in der Nähe der Sportanlagen (oben rechts). Ein lohnenswerter Wanderweg im Thüringer Wald ist der Rennsteig (unten rechts).

INFOS & ADRESSEN

STELLPLATZ: Stellplätze befinden sich unter anderem in Arnstadt, Bad Berka, Bad Blankenburg, Bad Liebenstein, Eisenach, Friedrichroda, Georgenthal, Gotha, Ilmenau, Königssee, Kühndorf, Masserberg, Meiningen, Oberhof, Rudolstadt, Schleusingen, Schmalkalden, Suhl, Tabarz, Uhlstädt, Weimar und Zella-Mehlis. In Erfurt bietet sich der »Wohnmobilpark Trautmann« an: Rottenbacherweg 11, 99097 Erfurt, Tel. 0361/41 39 80, www.caravan-erfurt.de, GPS 50°57'15"N, 11°4'01"E.

CAMPINGPLATZ: Campingplätze befinden sich unter anderem in Bad Berka, Bad Salzungen, Breitenbach, Erlau, Finsterbergen, Frankenhain, Großbreitenbach, Mühlberg, Leinatal-Catterfeld, Meiningen, Schleusingen, Wilhelmstal, Ilmenau-Manebach. Empfehlenswert ist der »Campingplatz Stausee Hohenfelden«: Am Stausee 3, 99448 Hohenfelden, Tel. 036450/420 81, www.campingplatz-hohenfelden.de, GPS 50°52'29"N, 11°10'37"E.

INFOS: Thüringen Tourismus GmbH, Willy-Brandt-Platz 1, 99084 Erfurt, Tel. 0361/374 20, www.thueringen-tourismus.de

TIPP: Der leckerste »Snack« für zwischendurch ist die Thüringer Rostbratwurst!

In Marburg stößt der Besucher noch auf zahlreiche Fachwerkhäuser.

32 LAHNTAL

Flussabwärts an der Lahn entlang

Das reizvolle Lahntal zählt zu den schönsten Flusslandschaften Deutschlands. Bei einer Fahrt entlang des 245 Kilometer langen Flusses lernt der Wohnmobilist freundliche Städte wie Marburg, Wetzlar oder Limburg kennen. Rad- und Paddeltouren sowie schöne Wanderungen sorgen für naturnahe Erlebnisse. Kulturelle Highlights sind die stolzen Burgen und Schlösser. Die Etappen sind kurz, Erholung ist garantiert und das Angebot an Stell- und Campingplätzen gut.

In Bad Laasphe, am Fuße des Rothaargebirges, stößt der Reisemobilist erstmalig auf die Lahn. Auf der Reise stromabwärts wird er sie nicht mehr aus den Augen verlieren. Wenige Meter breit und knietief präsentiert sich der Fluss. Touristiker haben den Slogan »Der stille Traum der Natur« geschaffen, der sich bereits in Bad Laasphe bewahrheitet. Im Kurpark und dem kleinen Ortszentrum unterhalb des Schlosses Wittgenstein mit den wenigen Fachwerkhäusern herrscht Ruhe. Sehenswert im Ort ist das Internationale Radiomuseum. Die Sammlung umfasst rund 3000 historische Radiogeräte. Entlang des Flusses, durch das malerische Lahntal, sind es rund 30 Autominuten von Bad Laasphe bis in die quirlige Universitätsstadt Marburg.

MARBURG – JUWEL AN DER LAHN

In Marburg fühlen sich rund 72 000 Einwohner richtig wohl. Wer sich zunächst einen Überblick über die mittelhessische Stadt machen möchte, sollte zum Schloss hinaufgehen. Über Treppengassen geht es hinauf zum Schloss, das im 13. Jahrhundert errichtet wurde. 1529 trafen sich hier die Reformatoren Luther und Zwingli zu ihren bekannten Marburger Religionsgesprächen. Vor dem Schloss genießt man einen herrlichen Blick über die Dächer Marburgs, ehe man dem Museum für Kulturgeschichte einen Besuch abstattet. Natürlich sollte auch ein ausgiebiger Rundgang durch die Altstadt auf dem Programm stehen. Hierbei bleibt man sicherlich vor der Elisabeth-

Kirche, einem frühen gotischen Sakralbau aus dem 13. Jahrhundert, der St. Kiliankirche, die um 1200 erbaut wurde, und dem gotischen Rathaus aus dem Jahr 1525 stehen. In dem schmucken historischen Stadtzentrum erfreuen sich bei Sonnenschein die Bürger, Gäste und die vielen Studenten gleichermaßen an den vielen Straßencafés, mehr als 20 000 Studenten studieren in Marburg. Zu den bekanntesten Studenten gehörten die Gebrüder Grimm, deren Märchen über die Stadt hinaus bekannt sind. Danach sollte man die Universitätsstadt Gießen und das Städtchen Wetzlar ansteuern.

WETZLAR – VON LEIDEN KEINE SPUR

In Wetzlar tanzt die Lahn zur Begrüßung, denn am Flussufer wurden Fontänen installiert, die zur Musik in die Höhe schießen. Sie sind zusammen mit der alten Steinbrücke und den alten Bauwerken ein herrliches Fotomotiv. Apropos Fotomotiv! In Wetzlar wurde die erste Kleinbildkamera der Welt gefertigt. Verständlich daher, dass sich ein Museum dem Thema »Optik« widmet und ein Optikparcours die Besucher begeistert. Über altes Pflaster geht es hinauf in die Altstadt der alten Reichsstadt, die im Jahr 1772 bereits von Goethe besucht wurde. Hier ließ er sich zu seinem Roman »Die Leiden des jungen Werthers« inspirieren.

MÄRCHENHAFTES BRAUNFELS

Die weitere Etappe verläuft durch das Solmser Land. Nach wenigen Kilometern führt ein Abstecher über die Lahn-Ferien-Straße nach Braunfels. Vor den Toren der mittelalterlichen Stadt bietet der kleine Stellplatz am Jahnplatz die nötige Ruhe und die gewünschte Nähe zur Altstadt. Die Silhouette wird vom Schloss geprägt, das auf einem Basaltfelsen thront. Mit den vielen Türmen wirkt der Bau wie ein Märchenschloss, in dem seit 1246 die Solmser Fürsten und Grafen ihre Residenz haben. Im Inneren verbirgt sich ein Museum, in dem Waffen, Möbel und Kunst bestaunt werden können. Das Herz der Stadt schlägt am historischen Marktplatz

Das Landgrafenschloss liegt auf einem Berg hoch über der Stadt Marburg (links). Den Markplatz von Braunfels schmücken ein Brunnen und Fachwerkhäuser (rechts).

mit seinen schmucken Fachwerkhäusern und einladender Gastronomie. Gleich nebenan spaziert man durch den erholsamen Kurpark »Herrengarten«. Nach 15 Kilometern erreicht man die grandiose Stadt Weilburg, die am Ufer des Flusses unterhalb der Altstadt einen schattigen Stellplatz bietet.

DIE LAHN MIT DEM KANU ENTDECKEN

In Weilburg lohnt sich bei gutem Wetter ein Ausflug mit dem Kanu. An der zentralen Kanustation kann man sich ein Kanu ausleihen und wenig später taucht das Paddel lautlos in das trübe Wasser der Lahn ein. Da die Stadt Weilburg inmitten einer großen Flussschlinge liegt, wurde an der schmalsten Stelle der einzige deutsche Schiffstunnel geschaffen, um der Schifffahrt einige Flusskilometer zu ersparen. So müssen die zahlreichen Freizeitpaddler durch diesen wahrhaft einzigartigen Tunnel und durch die anschließende Schleuse. Wer hier nicht paddelt, steht zumindest interessiert an den Schleusen und schaut den Paddlern zu, wie sie selbst die Schleusen bedienen müssen. Lautlos und gegen eine schwache Strömung paddelt man zum Beispiel nach Löhnberg. Eine dichte Ufervegetation und Windungen des Flusses untermalen hier die Ursprünglichkeit des mittleren Lahntals. Nach dem Naturerlebnis bietet Weilburg ein tolles kulturelles Programm mit Terrakotta-Armee, chinesischem Papierschnittmuseum, einem makellosen Barockschloss mit prächtiger Gartenanlage und einer reizvollen Altstadt. Ein Städtchen wie im Bilderbuch!

RUNKEL – CAMPING WIE FRÜHER

In Runkel sollte man auf dem »Campingplatz Runkel« übernachten. Hier wird so mancher Reisemobilist an die Anfänge seines Campinglebens erinnert: Eine große grüne Wiese am Flussufer, ein einfaches Sanitärgebäude und zwischen Fluss- und Duschwasser bestimmen jede Menge Zelte das Bild des Campingplatzes. Hier haben Paddler ihre Zelte aufgeschlagen, den Grill angeworfen und erzählen von ihren Kanuerlebnissen. Vom Platz sind es wenige Hundert Meter bis in die alte Stadt Runkel, die mit den prächtigen Fachwerkhäusern, mit der alten Steinbrücke von 1448 und der darüber thronenden Burg aus dem

Zu den Highlights auf dem Wasser gehören Kanutouren (links). Ein guter Campingplatz befindet sich in Runkel (rechts).

12. Jahrhundert ein Postkartenmotiv darstellt. Das Örtchen ist ein guter Ausgangspunkt, um Wanderungen in die Umgebung zu unternehmen. Dann geht es weiter flussabwärts zu anderen malerischen Orten mit ebenso schönen Schlössern und Burgen.

LIMBURG AN DER LAHN UND DIEZ

Kein Weg führt an Limburg an der Lahn vorbei. Hier taucht der Gast in eine der schönsten hessischen Städte ein. Bekannt ist der Blick von der Autobahn A3 hinunter auf den markanten Limburger Dom mit seinen sieben Türmen! Nun schlendert der Reisemobilist durch die prächtige Altstadt, vorbei an alten Fachwerkhäusern, netten Geschäften, lebendigen Plätzen hinauf zum imposanten Dom St. Georg. Im Jahr 1235 wurde er vollendet und gehört zu den besten Beispielen der Spätromanik. Das Gotteshaus kann nicht nur von außen, sondern auch im Inneren unter anderem mit romanischen Fresken begeistern.

Diese Begeisterung nimmt man noch mit zum benachbarten schönen Ort Diez, der mit Schloss, Fachwerk und Schiffsausflügen auftrumpfen kann. Außerhalb kann man am malerischen Herthasee baden und auch auf dem Stellplatz übernachten.

LETZTE ETAPPE BIS BAD EMS

Das untere Flusstal zeigt ein anderes Landschaftsbild, denn hier hat die Lahn ein tiefes Tal geschaffen. Könige und Kaiser und die Prominenz aus aller Welt statteten einst dem Kurort Bad Ems einen Besuch ab, ließen sich in den gehobenen Hotels nieder und erholten sich in den Thermen. Heute flaniert der Reisemobilist über die Promenade und durch den Kurpark und versucht den einstigen Glanz einzufangen.

Das Kurhaus von Bad Ems (oben) und das Grafenschloss in Diez (rechts) gehören zu den vielen Attraktionen entlang der Lahn. Abseits der idyllischen Orte fährt man durch eine flachwellige Landschaft (unten).

INFOS & ADRESSEN

STELLPLATZ: Im Lahntal stehen ausreichend Stellplätze zur Verfügung. Von der Quelle bis zur Mündung kann man unter anderem in folgenden Orten stehen: Bad Laasphe, Biedenkopf, Marburg an der Lahn, Wetzlar, Braunfels, Weilburg, Limburg an der Lahn, Villmar, Altendiez, Holzappel, Laurenburg und Bad Ems. Unterhalb der Altstadt, direkt an der Lahn, steht das Reisemobil in Weilburg: Hainallee, 35781 Weilburg, Tel. 06471/31467, www.weilburg.de, GPS 50°29'0"N, 8°15'29"E.

CAMPINGPLATZ: Einige Campingplätze stehen zum Beispiel in Bad Laasphe, Wetzlar, Weilburg-Odersbach, Runkel, Limburg, Nassau und Lahnstein zur Verfügung. Der »Lahntours Campingplatz Runkel« in dem kleinen Örtchen Runkel verfügt über ebene Wiesen direkt an der Lahn: Campingplatz 1, 65594 Runkel, Tel. 06482/911022, www.lahntours.de, GPS 50°24'24"N, 8°09'5"E.

INFOS: Lahntal Tourismus Verband e. V., Brückenstr. 2, 35576 Wetzlar, Tel. 06441/309980, www.daslahntal.de

TIPP: Auf jeden Fall sollte man die Gelegenheit nutzen und eine Kanutour unternehmen. Viele Vermietstationen stehen zur Verfügung, etwa in Weilburg (www.kanu-tours-weilburg.de) oder in Runkel (www.lahntours.de).

33 OBERES MITTELRHEINTAL

Reisen durch das UNESCO-Weltkulturerbe

Auf seinem Weg zur Nordsee hat der Rhein, der längste Fluss Deutschlands, viele interessante Landschaften geschaffen. Von unvergleichlicher Schönheit ist das Obere Mittelrheintal. Eine Kombination aus urigen Orten, lebendiger Rheinschifffahrt, Weinbergen und schließlich Stell- und Campingplätzen direkt am Rheinufer macht die Region zu einem herrlichen Reiseziel. Weinproben krönen die Urlaubstage.

Der Rhein ist die wichtigste europäische Wasserstraße. Vor rund 800 000 Jahren stieß er durch das massive Rheinische Schiefergebirge und schuf den spektakulärsten Abschnitt auf seinen insgesamt 1320 Kilometern. Zwischen Koblenz und Rüdesheim, dem Oberen Mittelrheintal, fließen die Wassermassen durch ein enges und teils schluchtenartiges Tal, das klimatisch begünstigt ist. Das Tal trennt Hunsrück im Westen und Taunus im Osten. Es ist reich an attraktiven Orten, vielen Rheininseln, schroffen Felsen und rebenbesetzten Hängen. 2002 hat die UNESCO das Obere Mittelrheintal in die Weltkulturerbeliste aufgenommen. Im südlichen Teil vereinigt sich das Obere Mittelrheintal mit dem Rheingau, der in Sachen Attraktivität und Freizeitangebot den Vergleich nicht scheuen muss und dafür gesorgt hat, dass der Mittelrhein zu den beliebtesten Urlaubsregionen Deutschlands gehört.

BESUCHER AUS ALLER WELT

Aus aller Herren Länder kommen die Touristen, um diesen idyllischen Teil des Rheins kennenzulernen. Ganz oben in der Gunst der Reisenden steht Rüdesheim. Wer einmal durch die weltberühmte Drosselgasse gegangen ist, weiß, dass hier internationales

Viele Campingplätze liegen direkt am Rhein. Vom Campingplatz Loreleyblick in St. Goar hat man einen herrlichen Blick auf den Loreleyfelsen.

Rüdesheim gehört zu den beliebtesten Städten im Mittelrheintal (links). Das Alte Haus in Bacharach wurde im Jahr 1586 errichtet (rechts).

und nationales Publikum gerne einkehrt. Hier finden sich Souvenirgeschäfte, Restaurants und Kneipen, in denen Livemusik, Wein und Asbach Uralt zu ausgelassener Stimmung beitragen und das Publikum zu Liedern wie »Ich hab' den Vater Rhein...« oder »Wenn das Wasser im Rhein...« animiert wird. Wer mehr über den bekannten Weinbrand erfahren möchte, wird sicherlich an dem Besuch der Asbach Weinbrennerei Gefallen finden. Über die Geschichte der Weinkultur informiert sehr anschaulich das Rheingauer Weinmuseum in der alten Brömserburg. Von Rüdesheim führt auf einer Länge von 1400 Metern die Kabinenseilbahn hinauf zum Niederwalddenkmal. Nach einer Wanderung von rund eineinhalb Kilometern erreicht man das Jagdschloss, das Wildgehege und die Sesselbahn. Der Sessellift bietet bei einer Fahrstrecke von 1000 Metern einen grandiosen Ausblick auf das Rheintal und den Ort Assmannshausen.

REIZVOLLE STÄDTCHEN, BURGEN UND SCHLÖSSER

Wesentlich ruhiger als in Rüdesheim geht es in den Gassen der übrigen Orte im Oberen Mittelrheintal zu. So kann man seinen Wein in schönen Städtchen wie Bacharach, Boppard, St. Goarshausen oder Oberwesel genießen und sich anschließend zu einer Stadterkundung aufmachen. Natürlich sollte eine Burgenbesichtigung durchgeführt werden. An keiner Stelle der Welt stehen auf so engem Raum so viele Burgen. Immerhin zeugen 25 Burgen von einer ritterlichen Vergangenheit. Zwischen der Burg Ehrenbreitstein im Norden und der Brömserburg im Süden bewachen die trutzigen Burgen das Rheintal. Sie haben Namen, die neugierig machen, wie Burg Katz, Burg Maus und die Burg Feindliche Brüder. Diese sind mächtige Anlagen wie die Burg Rheinfels, die Schönburg und die Burg Rheinstein. Einige können auch Gäste beherbergen wie die schöne Burg Stahleck in Bacharach, die zu den schönsten Jugendherbergen des Landes gehört.

Die einzige gänzlich erhaltene Höhenburg am Rhein ist die Marksburg. Sie befindet sich in der Nähe von Braubach im Oberen Mittelrheintal und ist heute Sitz der Burgenvereinigung. Sie wurde zu großen Teilen im 14. Jahrhundert errichtet und verfügt über sehenswerte Räume. Dazu zählen die Kemenate, die

Kapelle, die Rüstkammer, dieTurmstuben, der Weinkeller und die Burgküche. In dem lohnenswerten Burgmuseum kann man eine spannende Reise ins Mittelalter antreten.

AUSFLUG AUF DEM RHEIN

In der touristischen Hochsaison sind die linksrheinische »Rheingoldstraße« und die rechtsrheinische »Loreley-Burgen-Straße« stark befahren. Wer die Vielseitigkeit der Region abseits vom Trubel bei einem Glas Riesling entspannt erleben möchte, dem sei eine Fahrt mit dem Ausflugsschiff empfohlen. Von verschiedenen Anlegern werden viele Städte am Mittelrhein angesteuert, zu den beliebten Zielen gehören natürlich das Tal der Loreley, das Deutsche Eck in Koblenz und die lebendige Stadt Rüdesheim. Bei der Bootstour blickt man auf die Weinberge, die alten Burgen und Schlösser, die gepflegten Orte und passiert die Inseln im Rhein. Auf einigen Inseln sind Bauwerke entstanden wie die Burg Pfalzgrafenstein (14. Jahrhundert) bei Kaub oder der knapp 25 Meter hohe Binger Mäuseturm.

LORELEY, DIE BERÜHMTE FRAU IM RHEINTAL

Auf einem Felsen sitzt sie in Form einer barbusigen Statue immer noch und kämmt ihr Haar. Jedoch preschen die Rheinschiffer nicht mehr gegen die Felsen, sondern schenken der heutigen Skulptur lediglich ein Lächeln. Sie erinnert an die Romanfigur Lore Lay, die der Dichter Clemens von Brentano erfand und die dazu verflucht war, den Männern den Kopf zu verdrehen. Sie stürzte sich von dem hohen Felsen in den Rhein. Auch der Dichter Heinrich Heine befasste sich mit der Schönheit und ließ sie ihr goldenes Haar kämmen, was zu den besagten Unglücken führte. Die Touristen kommen heute, um sich die reizvolle Kulisse anzuschauen, denn das Tal der Loreley gehört zu den attraktivsten Abschnitten des Rheins. Unterhalb des Felsens gleicht das Tal einer Schlucht, in der es so eng wird, dass Ampelanlagen den Schiffsverkehr regeln müssen. Einen grandiosen Ausblick auf die reizvolle Landschaft hat man von dem mächtigen 132 Meter hohen Schieferfelsen Loreley. In dem benachbarten Amphitheater ist es zeitweise mit der Idylle vorbei, denn dann strömen die Besucher zu den beliebten Konzerten.

Ein Highlight stellt eine Fahrt mit dem Ausflugsschiff dar (links). Eine bronzene Loreleystatue schmückt die Hafenmole von St. Goarshausen (rechts).

In Bacharach kann nur der Burghof der Burg Stahleck besichtigt werden, die Burg selbst dient als Jugendherberge (links). Der Ausblick vom 132 Meter hohen Loreleyfelsen ist fantastisch (rechts).

GLEICH NEBENAN – DER SCHÖNE RHEINGAU

Der südliche Teil des Oberen Mittelrheintals ist der Rheingau. Hier wird das Tal breiter und Weinberge erstrecken sich nach Süden, damit die Reben in der Sonne reifen können. Im Rheingau scheint alles im Zeichen des Weins zu stehen. Was wäre der Rheingau ohne die Straußwirtschaften? Die saisonal geöffneten Wirtschaften von Winzern, die ihren Wein selbst vermarkten, sind typisch für den Rheingau und erinnern an eine alte Tradition. Die Winzer hängten früher einen Blumenstrauß an die Eingangstür: »Wo's Sträuß'che hängt, wird ausgeschenkt.« So machten sie darauf aufmerksam, dass man ihre Rieslingweine aus Spitzenlagen probieren kann.

In Ruhe genießen sollte man den Wein im Herzen der schönen Städtchen wie Eltville, Oestrich-Winkel oder Geisenheim. Die Weinstuben und Winzerhäuser außerhalb der Städte erreicht man über die lohnenswerte »Rheingauer Riesling Route«. Dieser insgesamt 91 Kilometer lange Zickzackkurs führt hoch in das Rheingauer Gebirge und erschließt auch imposante Bauwerke wie das berühmte Kloster Eberbach, dem die Mönche schon lange den Rücken gekehrt haben. Kurzfristig zogen hier namhafte Schauspieler ein, die für die Verfilmung des Umberto-Eco-Romans »Der Name der Rose« eine ideale Kulisse vorfanden. Die Mönche übernahmen den Ausbau der rheingauischen Weinwirtschaft. Auch heute fühlt man sich beim Betreten der kahlen Kirche und des Weinkellers in das Mittelalter zurückversetzt. Nicht versäumen sollte man den Besuch der schönen Weinschlösser Vollrads und Johannisberg, die nur etwa eine halbe Stunde Wanderung durch das Riesling-Anbaugebiet voneinander entfernt liegen.

INFOS & ADRESSEN

STELLPLATZ: Stellplätze befinden sich unter anderem in Braubach, Kamp-Bornhofen, St. Goar, Oberwesel, Bacharach, Trechtingshausen, Rüdesheim, Bingen am Rhein, Geisenheim, Oestrich und Eltville.
Bei Bingen-Gaulsheim, zwischen Rhein und Rochusberg, liegt der »Wohnmobilpark Bingen«: Ausserhalb 11, 55411 Bingen, Tel. 06721/153421, www.wohnmobilpark-bingen.de, GPS 49°58'7"N, 7°56'38"E.

CAMPINGPLATZ: An beiden Ufern des Rheins sind die Campingplätze zahlreich. Ein guter Campingplatz ist »Camping Loreleyblick«, direkt am Rhein, nahe St. Goar. Hier steht man auf einer Wiese und blickt hinüber zur Statue der Loreley und hinauf auf den Loreley-Felsen: An der Loreley 49–50, 56329 St. Goar am Rhein, Tel. 06741/2066, www.hotel-winzerhaus.de, GPS 50°08'30"N, 7°43'20"E.

INFOS: Rhein-Touristik Tal der Loreley e. V., Gründelbach 4, 56329 St. Goar, Tel. 06741/321196, www.tal-der-loreley.de, www.ruedesheim.de.

TIPP: Aktiv im Rheintal! Radeln Sie mit dem Fahrrad direkt am Rhein entlang oder entdecken Sie den insgesamt 320 Kilometer langen Rheinsteig in kleinen Etappen auf Schusters Rappen (www.rheinsteig.de).

Von der Burg in Cochem bietet sich ein herrlicher Blick über den Ort und die Mosel.

34 MOSELTAL

Reisen zwischen Weinhängen und Mosel

Kaum ein Tal in Deutschland weckt auf Anhieb so romantische Vorstellungen wie das liebliche Moseltal. Es steht für Wein und für Gastlichkeit, die man auch auf den vielen Stellplätzen erfährt. Gemütliche Orte, eine malerische Landschaft, Ausflugsmöglichkeiten mit dem Schiff und dem Fahrrad gehören ebenso zum Urlaub wie eine gesellige Weinprobe. Glücklicherweise steht das Wohnmobil dann meistens direkt nebenan.

Der Fluss Mosel durchfließt zum größten Teil das Bundesland Rheinland-Pfalz und mündet bei Koblenz (Deutsches Eck) in den Rhein. Mit einer Länge von 545 Kilometern ist die Mosel einer der längsten Nebenflüsse des Rheins. An dem gewundenen Flusslauf liegen kleine Städte und unzählige Weindörfer, die den Reisenden sofort willkommen heißen. An den Hängen nehmen die Weinreben große Flächen ein. Wichtiger Wirtschaftszweig ist neben dem Weinanbau unverkennbar der Tourismus. In den letzten Jahren hat sich der Wohnmobiltourismus fest etabliert. Kein Wunder, denn nahezu unvergleichbar gut ist die Infrastruktur mit reizvoll gelegenen Stell- und Campingplätzen. Dies zeigt auch der Blick in den Stellplatz- oder den Campingführer: Die Punkte, die die Übernachtungsanlagen für Wohnmobile markieren, reihen sich wie eine Perlenkette am Flusslauf aneinander. In der Hauptsaison geraten die vielen Stell- und Campingplätze allerdings an ihre Grenzen, daher sei dem Reisemobilisten die Nebensaison oder die Anreise an einem Werktag empfohlen.

IMMER AM FLUSS ENTLANG

Im Moseltal kann sich der Reisemobilist nicht verfahren, denn zwischen dem Fluss und den Weinbergen geht es über die Landstraße immer flussaufwärts. Obwohl man in aller Ruhe und mit mäßiger Geschwindigkeit unterwegs ist, geht es zügig vorbei an unzähligen Radfahrern, die auf dem reizvollen Mosel-

Radweg fahren, sowie an Fracht- und Passagierschiffen auf der Mosel. Die meisten Ausflugsdampfer steuern das schmucke Städtchen Cochem an, das auch auf dem Programm der Reisemobilisten stehen sollte. Bis Cochem hat die Mosel von ihrer Quelle am Col de Bussang in den Vogesen schon mehrere Hundert Kilometer zurückgelegt und eine gut schiffbare Breite erreicht.

STADTERKUNDUNG COCHEM

An dem linken Ufer der Mosel liegt das reizvolle Städtchen Cochem, das von der hoch gelegenen Burg überragt wird. Bevor es jedoch hinauf zur Burg geht, sollte der Gast über die schöne Moselpromenade und durch die Gassen schlendern. Das Herz der Stadt schlägt in der prächtigen Altstadt am Markt, der umgeben ist von hübschen Häuserfassaden und dem Rathaus von 1739. Neben den alten Türmen der ehemaligen Stadtbefestigung zeugt die hoch gelegene Burg davon, dass es sich bei Cochem um eine alte Stadt handelt, denn bereits um 1070 wurde die sehenswerte und später neugotisch umgebaute Burg errichtet. Wer bis zur Burg hinaufgeht, darf sich über die tolle Aussicht und die Ruhe freuen.

MOSEL-WEINSTRASSE

Das Tal der Mosel ist überwiegend eng, sodass sich glücklicherweise keine großen Städte ausbreiten konnten. Immer wieder führt die Mosel-Weinstraße – wie könnte es auch anders sein – durch idyllische Weinorte. Autos, die entlang der Straße noch weit vor dem Ortseingangsschild parken, kündigen unmissverständlich ein beliebtes Weinfest an. Wein- und Volksfeste gehören zum Tal wie der Wein und mittlerweile auch wie die Wohnmobil-Stellplätze. In dem Örtchen Ediger-Eller füllen Besucher die Gassen und die Höfe der Winzer. Hier sitzt man und genießt die Klänge des ansässigen Musikvereins zum heimischen Wein. Zu den vielen bekannten Weinorten gehört Zell. Rund um den Weinbauort erstrecken sich

Zu den vielen Orten im Moseltal gehört das lebendige Cochem mit der Kirche St. Martin (links). Die Mosel-Weinstraße verbindet nette Weinorte miteinander (rechts).

rund sechs Millionen Weinreben. Nicht nur mit gutem Wein wie dem weltberühmten »Zeller Schwarze Katz« kann Zell aufwarten, sondern auch mit einer ansehnlichen Altstadt. An der Mosel reihen sich alte Häuserzeilen aneinander. Außerdem interessant sind die Reste der alten Stadtbefestigung mit dem Obertor, das ehemals kurtrierische Schloss und die Petrikirche. Nicht versäumen sollte man zudem den Besuch des Heimat- und Weinmuseums. Gleiches gilt für die Orte Treis-Karden, Traben-Trabach und Bernkastel-Kues. Vom großen Park- und Stellplatz geht es über die Brücke über die »Mosella«, die »kleine Maas«, wie sie die Römer nannten, in die Altstadt von Bernkastel. Schmucke Fachwerkhäuser und eine Vielzahl von Weinstuben und Restaurants prägen die erlebenswerte Altstadt. Nicht nur der schöne Michaelisbrunnen und das imposante Renaissance-Rathaus wecken das Interesse der Besucher, sondern auch die St.-Michael-Kirche und die Burg Landshut. Traben-Trabach erstreckt sich zu beiden Seiten der Mosel und kann mit stattlichen Patrizier- und Fachwerkhäusern aufwarten. Weinfeste, eine Vielzahl von guten Restaurants und das Mittelmosel-Museum prägen den Ort.

GESELLIGE WEINPROBEN

Der Wein prägt auf beiden Uferseiten der Mosel das Leben und ist dafür verantwortlich, dass das liebliche Tal bei den Besuchern hoch im Kurs steht. An den meist steilen Hängen sieht man überwiegend Weißweinreben wie Silvaner, Riesling oder Müller-Thurgau. Der Weißwein aus dem Moseltal hat zwar einen vergleichsweise etwas geringeren Alkoholgehalt, jedoch einen guten Geschmack. An einer Häuserwand liest man in alter Schrift: »Es gibt kaum einer der gedenkt, wenn man den Wein den man Ihm brachte, so leichte Hand in Glas geschenkt, der Sorg und Arbeit machte.« Dieser Spruch füllt sich an manchen Abenden mit Leben, denn der Reisemobilist erfreut sich auf vielen Weingütern an einer Weinprobe. Glücklicherweise bieten viele Weingüter benachbarte Stellplätze an, so zum Beispiel in Trittenheim. Vielfach gehört auch der morgendliche Bäckerwagen zum Service. Gut gestärkt kann man die Route weiter flussaufwärts fortsetzen. Highlight der Wohnmobiltour an der Mosel entlang wird der Besuch von Trier sein, einer der schönsten Städte Deutschlands.

Einen Stopp sollte der Reisemobilist unbedingt in der Stadt Bernkastel-Kues einlegen (links). Der Camping- und Wohnmobilstellplatz »Zum Fährturm« in Schweich befindet sich direkt an der Mosel (rechts).

Die Stadt Trier begeistert mit ihrer tollen Altstadt (rechts) und dem Stadttor Porta Nigra (links).

HISTORISCHES TRIER

Nach so manchem idyllischen Aufenthalt in den Weinorten taucht der Reisemobilist in Trier in eine lebendige Stadt ein, die viel zu bieten hat. In der Universitätsstadt prägen junge Menschen das Straßenbild. Unverkennbar ist, dass es sich bei Trier um eine der ältesten Städte Deutschlands handelt. Kaiser Augustus gründete 16 v. Chr. die Siedlung »Augusta Treverorum«. Heiße Quellen sollten den römischen Soldaten die nötige Erholung bieten. Rund 2000 Jahre später stößt man immer noch auf römische Zeugnisse wie die Kaisertherme. Beeindruckt stehen wir vor dem schwarzen kolossalen Stadttor »Porta Nigra« aus dem ausgehenden zweiten Jahrhundert, dem größten erhaltenen römischen Stadttor und Wahrzeichen der Stadt.

In Trier pilgert man von einem grandiosen Bauwerk zum nächsten. In der Basilika ist man sicherlich von der Größe dieser gewaltigen römischen Palastaula restlos beeindruckt. Nebenan wirkt das Kurfürstliche Schloss trotz seiner rund 250 Jahre noch sehr jung. Viele der historischen Bauwerke wurden in die UNESCO-Weltkulturerbe-Liste aufgenommen. Ein Blick lohnt sich auch in die Kirche St. Paulin, die zu den wichtigsten Barockbauten zählt. Im Zentrum der Stadt befindet sich der malerische Hauptmarkt mit Marktkreuz und Marktbrunnen. Um den Marktplatz reihen sich imposante Bauwerke wie der sehenswerte Dom oder die gotische Kirche St. Gangolf. Nach der Stadtbesichtigung sollte man den Tag in einem der vielen Restaurants am Markt bei einem schmackhaften Gericht und natürlich einem Moselwein ausklingen lassen.

INFOS & ADRESSEN

STELLPLATZ: Stellplätze gibt es unter anderem in Alf, Bernkastel-Kues, Brauneberg, Bremm, Bürgen, Cochem, Ediger-Eller, Ellenz, Enkirch, Ernst, Kesten, Kinheim, Klüsserath, Kobern, Koblenz-Metternich, Köwerich, Löf, Mehring, Minheim, Müden, Mülheim, Neef, Neumagen, Reil, Sankt Aldegund, Schleich, Schweich, Traben-Trabach, Trier, Trittenheim, Wintrich und Zell. Direkt an der Mosel befindet sich in Graach (bei Bernkastel-Kues) der Stellplatz »Sun Park«: Gestade 16a, 54470 Graach, Tel. 06531/971 99 88, www.sunpark-mosel.de, GPS 49°56'4"N, 7°3'39"E.

CAMPINGPLATZ: Campingplätze befinden sich unter anderem in Bernkastel-Kues, Brodenbach, Bullay, Burgen, Cochem, Ediger-Eller, Ellenz-Poltersdorf, Koblenz-Güls, Koblenz-Lützel, Mesenich, Nehren, Pünderich, Rachtig-Zeltingen, Senheim, Schweich, Traben-Trabach, Trier, Treis-Karden, Winningen, Wintrich und Zell. Empfehlenswert ist zum Beispiel »Camping Rissbach«: Rissbacherstr. 155, 56841 Traben-Trabach, Tel. 06541/31 11, www.mosel-camping-platz.de, GPS 49°57'55"N, 7°06'19"E.

INFOS: Mosel.de, Am Moselufer 9, 56814 Bruttig-Fankel, Tel. 02671/60 51 90, www.mosel.de

TIPP: Weinprobe, Weinprobe, Weinprobe!

In der Altstadt von Bad Dürkheim laden zahlreiche Weinlokale zur Einkehr ein.

35 DIE PFALZ

Für Weinfreunde und Aktive

Im Frühjahr beeindruckt die Pfalz mit ihrem milden Klima und der beliebten Mandelblüte. Im Sommer locken die schmucken Orte und es lohnt sich, Radtouren und Wanderungen zu unternehmen. Im Herbst bereiten die Weinfeste viel Freude. Die Pfalz ist ein ideales Reiseziel, nicht nur für Weinfreunde. Erholsame Camping- und Stellplätze in den malerischen Weinorten oder direkt beim Winzer runden den Urlaub ab.

Die Fenster des Wohnmobils sind heruntergefahren, mit mäßiger Geschwindigkeit fährt der Reisemobilist durch die flachwellige Landschaft, vorbei an Weinhängen und Obstfluren und erfreut sich an den blühenden Bäumen. Das Reisegefährt schlängelt sich durch idyllische Örtchen, vorbei an Weinlokalen und schönen alten Häusern. Man erlebt ein nahezu mediterranes Flair – und das in der Pfalz und nicht in der Toskana. Kurz noch ein Überblick: Die Pfalz erstreckt sich im Süden des Bundeslands Rheinland-Pfalz und beherbergt rund 1,4 Millionen Menschen. Im Westen grenzt das Saarland und im Süden die französischen Regionen Elsass und Lothringen an die Pfalz. Die Besiedlungsgeschichte geht bis zu den Kelten und den Römern zurück. Zu den heute wichtigen wirtschaftlichen Standbeinen der Pfalz gehört neben dem Tourismus zweifellos der Weinanbau.

RÖMER BEGRÜNDETEN DEN WEINANBAU

Ein Abend in einem der vielen Weinlokale besiegelt einen schönen Reisetag. Beim Genuss eines Pfälzer Weines kommt dem Reisemobilisten sicherlich der Ausspruch »Der Prophet zählt nichts im eigenen Lande« in den Sinn, und dies nicht ohne ein schlechtes Gewissen, denn zu Hause lagern die Weine aus Italien und Frankreich. Die hier verkosteten Tropfen zeugen jedoch von bester Qualität »made in Germany«. Der Weinanbau hat eine lange Tradition, denn schon die alten Römer nutzten das milde Klima und bauten hier die Reben an. Bereits im ersten Jahrhundert v.Chr. holten die Römer die Weinrebe in die Pfalz. Mit Rieslingen, Burgundersorten, kräftigen Rotweinen und zahlreichen Auszeichnungen spielen die Winzer heute wieder in der ersten Liga. Der einstige Ruf als Massenanbaugebiet ist längst verstummt, obwohl Neustadt an der Weinstraße weiterhin die größte Weinbaugemeinde Deutschlands ist. Von der guten Qualität kann sich jeder Reisemobilist selber überzeugen oder sich im Weinmuseum von Edenkoben über den Weinanbau informieren. An einer Weinprobe sollte man unbedingt teilnehmen. Wenn der Wein mundet, trägt man die Flaschen nur wenige Meter, denn so mancher Winzer bietet einen Stellplatz gleich nebenan, was jeder Wohnmobilist nach der Verkostung zu schätzen weiß.

DEUTSCHE WEINSTRAßE

Zum Urlaub in der Pfalz gehört auch die Fahrt über die »Deutsche Weinstraße«. So rollen die Reisemobile über die lediglich 83 Kilometer lange Themenstraße und müssen sich ihren Weg durch so manchen kleinen Weinort bahnen. Eine stilisierte Weintraube auf gelbem Schild weist den Weg. Man fährt nun auf einer der schönsten Straßen Deutschlands. Doch man kommt nur wenige Kilometer voran, dann lockt schon wieder ein idyllisches Städtchen zu einer kleinen Entdeckungstour. Zwischen dem mächtigen, südlichen Weintor in Schweigen nahe der deutsch-französischen Grenze und Bockenheim reihen sich die reizvollen Orte aneinander. Die Etappen sind sehr kurz, denn man legt gerne einen Stopp ein, dreht eine Runde durch den Weinort oder genießt das gastronomische Angebot.

MANDELBLÜTE IM FRÜHJAHR

Zwischen der Weinstraße und dem Gebirgszug Haardt, dem östlichen Teil des Pfälzerwalds, erstreckt sich ein Meer von Reben, die leider im Frühjahr noch sehr kahl sind und mit den entlaubten Wäldern nicht

Im freundlichen Neustadt macht ein Stadtspaziergang Spaß (links). Im Frühling blühen die vielen Mandelbäume (rechts).

die Blicke auf sich ziehen. Anders hingegen die im Sonnenschein grell blühenden Mandelbäume, die wie Esskastanien, Aprikosen und Feigen für das milde Klima sprechen. Damit bei den anstehenden Mandelblütenfesten der richtige Zeitpunkt nicht verpasst wird, beurteilt eine Kommission den Zustand der Mandelbäume und legt flexibel die Termine fest. Zwischen Februar und April sollte der Reisemobilist daher die Websites der Tourismusverbände im Auge behalten und bei Bedarf startklar sein. Ein Besuch der Mandelblütenfeste wird ebenso unvergessen sein wie der Blick über die Haine mit den blühenden Mandelbäumen.

MILDES KLIMA

In der Pfalz bescheint die Sonne beachtliche 1800 Stunden im Jahr die Weinberge und Plätze der Weinorte. Die Freiluftsaison wird hier schon sehr früh eröffnet, weshalb die Straßencafés bereits im März gut besucht sind. So sitzt man zum Beispiel am Marktplatz in Landau und genießt frühsommerliche Temperaturen. Hektik kommt hier nicht auf. Den Reisetag plant man mit größter Gelassenheit, denn die nächste Attraktion und schließlich der nächste Stellplatz sind nur wenige Kilometer entfernt.

Entlang von Weinhängen und später durch den Pfälzer Wald geht es zur imposanten Burg Trifels. Sie thront auf dem rund 500 Meter hohen Sonnenberg, und kein Geringerer als Richard Löwenherz von England wurde hier im Jahr 1193 gefangen gehalten. Die stattliche Burg hatte im 12. und 13. Jahrhundert den Status einer Reichsburg. Ein Gefühl von Freiheit erhält man auf dem Turm, von dem man einen herrlichen Weitblick über die Laubwälder hat.

RADFAHREN, SCHLENDERN, SPAZIEREN UND WANDERN

Wer seinen Urlaub in der Pfalz aktiv gestalten möchte, kann natürlich Ausflüge mit dem Rad unternehmen. Unter anderem auf dem »Radwanderweg Deutsche Weinstraße« kann man zauberhafte Winzerorte zwischen Schweigen und Bockenheim erreichen. Ein besonderes Erlebnis ist die Fahrt mit dem Fahrrad, wenn einmal im Jahr die »Deutsche Weinstraße« für den motorisierten Verkehr gesperrt ist. Dann gehört

Das historische Rathaus ist ein Wahrzeichen der Stadt Deidesheim (links). Im Weinmuseum von Edenkoben können sich Besucher über den Weinanbau informieren (rechts).

der »Erlebnistag Deutsche Weinstraße« zu den schönsten Festen mit einer wahren kulinarischen Meile. Wer sein Rad zu Hause gelassen hat, wird sicherlich an dem Schlendern durch die vielen freundlichen Orte großen Gefallen finden. Auf jeden Fall sollte man durch die Weinberge spazieren, so mancher Weinlehrpfad, wie zum Beispiel in St. Martin, gibt anschaulich Aufschluss über den Weinanbau.

Aber auch auf Abschnitten der insgesamt 12 000 Kilometer langen, markierten Wanderwege ist der Urlauber bestens unterwegs. Da der Pfälzer Wald zu den größten Waldgebieten Deutschlands gehört und sich die vielen Wanderwege in dem seit 1992 eingerichteten Naturpark verteilen, ist man oft alleine auf Schusters Rappen unterwegs, insbesondere im Frühjahr. Wer einen Superlativ sucht, wird das Gebirgsmassiv Donnersberg ansteuern. Hier ist der Königsstuhl mit 687 Metern die höchste Erhebung. Über den Berg führt ein lohnenswerter Wanderweg (27 Kilometer).

DEFTIG SPEISEN

Entlang der vielen verschiedenen Wanderwege kann der Wanderer in 150 typischen Pfälzer Waldhütten einkehren und bekommt hier kostengünstige regionale Spezialitäten serviert. Die Küche ist deftig und Gerichte vom »Wutz« (Schwein) sind sehr beliebt. In allen Variationen wird »Worscht« (Wurst) hergestellt, und zum Essen trinkt man natürlich »Woi« (Wein). Auf eine herrliche Kombination von Wandern und Tierbeobachtung stößt man in dem »Wild- und Wanderpark« bei Silz. Zwar verwirrt den Besucher am Eingang eine große Dinosaurierstatue, doch später kann man in den großen Gehegen doch noch Damwild, Rotwild, Wisente, Wölfe, Wildschweine und andere heimische Tierarten beobachten.

BURGEN UND SCHLÖSSER

Neben dem Wein und den guten Wandermöglichkeiten sind die Burgen ein Markenzeichen der Region, und die Zahl sehenswerter Burgen, die von der Ostflanke der Haardt in die Rheinebene und über die riesigen Rebflächen blicken, ist groß. Einen Besuch der Burg Bertwartstein bei Erlenbach sollte man nicht versäumen. Vorbei an Ritterrüstungen und Folterinstrumenten geht es hinauf auf den Turm, der eine fantastische Aussicht bietet.

So manch trutzige Burg ist eng mit der deutschen Geschichte verbunden, etwa das Hambacher Schloss,

In Neustadt an der Weinstraße gibt es rund um den schönen Königsbrunnen auf dem Marktplatz viel zu sehen.

das auch als Wiege der deutschen Demokratie bezeichnet werden kann. 1832 versammelten sich hier rund 30 000 Bürger und demonstrierten beim »Hambacher Fest« für ein einiges und demokratisches Deutschland. Mit der Burg Trifels gehört das Hambacher Schloss zu den meistbesuchten Bauwerken der Pfalz. Die Idylle in der Region täuscht darüber hinweg, dass in der Pfalz eine lange und ereignisreiche Geschichte geschrieben wurde: Die Kelten, germanische Stämme und die Römer ließen sich hier einst nieder. Im Mittelalter war die Region das Zentrum des Deutschen Reiches. Einst Zentrum und später im Abseits, blieb die Pfalz von der Industrialisierung verschont, was heute die Touristen erfreut. Reine Luft, eine intakte Natur und obendrein eine Natriumchloridquelle locken die Kurgäste nach Bad Dürkheim.

BAD DÜRKHEIM UND BAD BERGZABERN

In Bad Dürkheim schlendert der Gast durch die herrliche Altstadt und den schönen Kurpark, bis er dann vor dem großen Gradierwerk steht. Diese zweitlängste Saline Deutschlands brannte 2007 nieder und wurde wieder aufgebaut. Ein weiterer Superlativ ist das Dürkheimer Riesenfass, das mit einem Fassungsvermögen von 1,7 Millionen Litern das größte Weinfass der Welt ist. Allerdings wird im Inneren nicht Wein gekeltert, sondern Gäste bewirtet. Im September wird in dem Ort – als Pendant zum Münchner Oktoberfest – der »Wurstmarkt«, das weltweit größte Weinfest mit rund 600 000 Besuchern, gefeiert.

Kurieren kann man sich auch in Bad Bergzabern. Im Kurpark stehen die fünf Gesundheitssäulen nach Kneipp, die den Start und das Ziel des fünfeinhalb Kilometer langen Kneipp-Lehrpfads darstellen. Im Frühjahr blühen im Park Narzissen und Tulpen. Sie deuten darauf hin, dass noch nicht viele Monate im Jahr verstrichen sind, obwohl frühsommerliche Temperaturen die Badegäste der benachbarten Südpfalz-Therme bereits in den Außenbereich locken.

KURIEREN UND EINKEHREN

Ein Grundpfeiler nach Kneipp ist die »Einkehr«. Damit ist die gesunde Lebensgestaltung durch Besinnung und innere Einkehr gemeint. Dies wird bewusst

Das Dürkheimer Riesenfass beherbergt ein Restaurant (links). Das aus der Mitte des 19. Jahrhunderts stammende Gradierwerk gehört zu den Kuranlagen der Stadt (rechts).

Die Weinstube Altes Rathaus in St. Martin begeistert Weinfreunde (links). Direkt an der Weinstraße befindet sich der Stellplatz »Schlossgärten« in Bad Bergzabern (oben rechts). Unter anderem von hier bieten sich Fahrradtouren an (unten rechts).

missverstanden und so steuern die Reisemobilisten unter anderem St. Martin an. In der Altstadt mit ihren schmucken Fachwerkhäusern laden etliche Weinstuben zum Einkehren ein. Am nächsten Morgen sollte dann die Umsetzung eines weiteren wichtigen Bausteins der Kneippkur, die Bewegung, folgen. Von dem Wohnmobil-Stellplatz ist es nicht weit zum anschaulichen Weinlehrpfad, der mit Hinweisschildern, einigen Exponaten und schließlich einem schönen Ausblick auftrumpft. Wer sich eingehender dem Pfälzer Exportschlager widmen möchte, sollte sich im Weinmuseum in Deidesheim umsehen.

GUTE STELLPLÄTZE

In der Pfalz herrschen aus der Sicht der Reisemobilisten paradiesische Zustände. Die Stellplätze sind zahlreich, viele von ihnen befinden sich vor der Tür der Weingüter, und so wird häufig anstelle einer Übernachtungsgebühr um den Kauf von Wein gebeten. Lohnenswert ist eine abendliche Teilnahme an einer Weinprobe. Nach der Verkostung der Weine sind es nur noch wenige Meter zum rollenden Hotelzimmer. Aber auch abseits der Weinstuben stößt der Wohnmobilreisende auf gute Stellplätze, unter denen der Kirchbergparkplatz in Edenkoben aufgrund seiner Beschilderung hervorzuheben ist. So liest man tatsächlich auf dem Parkplatzschild: »Bitte Rücksicht auf Wohnmobilgäste: Nachtruhe nicht stören«. Gleich nebenan befindet sich die Kirche. Wer herausfinden möchte, ob sich der Spruch »In de Palz geht de Parre mit der Pfeiff in die Kärsch« bewahrheitet, sollte die Messe besuchen. In den Zeiten des Rauchverbots geht der Pfarrer natürlich nicht mit der Tabakspfeife in die Kirche.

INFOS & ADRESSEN

STELLPLATZ: Zu finden sind Stellplätze unter anderem in Neustadt an der Weinstraße, Landau, St. Martin, Bad Dürkheim, Edenkoben, Edesheim, Deidesheim, Maikammer, Maikammer-Alsterweiler, Niederkirchen, Roschbach, Venningen, Schweigen-Rechtenbach, Annweiler am Trifels, Dörrenbach, Bad Bergzabern und Schweigen. Bestens steht der Reisemobilist auf dem Stellplatz »Consulat des Weins« in St. Martin: Riedweg 14, 67487 St. Martin, Tel. 06323/8040, www.consulat-des-weins.de, GPS 49°17'53"N, 8°6'31"E.

CAMPINGPLATZ: Campinglätze befinden sich in Wachenheim, Annweiler, Rülzheim und Dahn. Die Pfalz-Touristik hat einen kostenlosen Stell- und Campingplatzführer erstellt. Ein guter Campingplatz ist »KNAUS-Campingpark Bad Dürkheim« (ganzjährig geöffnet) am Almensee: In den Almen 1, 67098 Bad Dürkheim, Tel. 06322/61356, www.knauscamp.de, GPS 49°28'24"N, 8°11'30"E.

INFOS: Pfalzwein e. V., Martin-Luther-Str. 69, 67433 Neustadt an der Weinstraße, Tel. 06321/39160, www.pfalz.de

TIPP: Die Südpfalz-Therme in Bad Bergzabern mit Therme und Saunen lädt zum Entspannen ein (www.suedpfalz-therme.de).

36 FREIBURG

Vom Klima verwöhnt

Die freundliche Stadt Freiburg im Breisgau vereint junge Menschen und alte Bauwerke in ihrem reizvollen Stadtbild. Die lebendige Studentenstadt lädt zu einem ausgiebigen Stadtbummel bei stets milden Temperaturen im Schatten des hohen Münsters ein.

Die Stadt Freiburg gehört zu den schönsten Städten des Landes und ist über die Grenzen Baden-Württembergs hinaus auch durch ihren sympathischen Fußballverein SC Freiburg bekannt. Freiburg erstreckt sich am Fuße des Schwarzwalds, im klimabegünstigten Breisgau. Sowohl nach Frankreich als auch in die Schweiz ist es nicht weit. In Freiburg fühlen sich rund 230 000 Menschen sehr wohl. Gleiches gilt für die zahlreichen Besucher, die gerne die Mischung aus großstädtischem Flair und kleinstädtischer Geborgenheit erleben möchten. Etwa 24 000 Studenten beleben das Stadtbild und sorgen schließlich auch für eine lebendige Kneipenszene. Die Geschichte der Stadt lässt sich bis in das 11. Jahrhundert zurückverfolgen.

BUMMEL DURCH DIE ALTSTADT

Weitaus ruhiger als in den Kneipen geht es auf den Straßen der Altstadt zu, denn sie sind größtenteils autofrei. Angesichts der vielen schönen historischen Bauwerke ist es heute kaum vorstellbar, dass die Stadt im Zweiten Weltkrieg im November 1944 durch einen Bombenangriff stark zerstört wurde. In der Altstadt schlendert man über Pflaster aus Rheinkieselsteinen und springt vielfach über die »Bächle«, kleine Kanäle, die im Mittelalter als Viehtränke oder als Löschwasser dienten. Beim Anblick von stattlichen Bauwerken wie dem Schwabentor, dem Martinstor, dem Rathaus, dem Alten Kaufhaus, der Alten Universität oder der Martinskirche fühlt man sich um Jahrhunderte zurückversetzt.

Besonders idyllisch ist die Stadt Freiburg am Gewerbekanal, zum Beispiel in den Gassen Gerberau und Fischerau.

Zu den schönsten Häusern der Altstadt gehört das 1516 erbaute »Haus zum Walfisch«. Hauptgeschäftsstraße ist die Kaiser-Joseph-Straße.

PRACHTVOLLES MÜNSTER

Prächtigstes Bauwerk ist das Münster, das um 1513 vollendet wurde und zu den Meisterwerken gotischer Baukunst in Deutschland gehört. Der filigrane, 116 Meter hohe Turm bestimmt das Stadtbild und kann bestiegen werden. Vor der Kirche erstreckt sich der Münsterplatz mit Marktständen und schmucken Häusern. Seit etwa 1800 wird hier der Markt abgehalten.

BELIEBTE MUSEEN

Eine Vielzahl von Attraktionen sorgt dafür, dass dem Gast auch nach Tagen nicht langweilig wird. So lohnt sich ein Besuch im Augustinermuseum, im Adelhausermuseum, im Museum für Stadtgeschichte oder im Archäologischen Museum, das im Colombi-Schlösschen von 1859 untergebracht ist. Im Museum für Neue Kunst kann man man die Werke der Maler und Bildhauer des 20. und 21. Jahrhunderts bewundern. Hier sind auch Werkenvon Otto Dix, August Macke und Paula Modersohn-Becker ausgestellt. Familien sind begeistert vom Museum Natur und Mensch, in dem man die Einzigartigkeit des Planeten erforschen kann. Im imposanten Schwabentor aus dem 13. Jahrhundert kann die »Zinnfigurenklause« besichtigt werden. Ruhige Momente beschert der 1887 hübsch angelegte Stadtgarten.

Rund um das Schwabentor erstreckt sich der älteste Teil Freiburgs (oben). Im Inneren des Münsters kann man das wertvolle Inventar bestaunen (rechts). Vom Wohnmobilstellplatz geht es zu Fuß oder mit dem Fahrrad in das gepflegte Stadtzentrum (unten).

INFOS & ADRESSEN

STELLPLATZ: Der »Wohnmobil-Stellplatz Freiburg« befindet sich am westlichen Stadtrand in der Nähe des Eschholzparks und der Unikliniken. Er bietet ebene Schotterplätze. Rund zwei Kilometer sind es bis zur Altstadt: Biessierstraße, 79114 Freiburg im Breisgau, Tel. 0761/202 51 39, www.stellplatz-freiburg.de, GPS 47°59'58"N, 7°49'32"E.

CAMPINGPLATZ: Östlich der Altstadt, rund eineinhalb Kilometer entfernt, liegt der Campingplatz »Camping Hirzberg« im Grünen: Kartäuserstr. 99, 79104 Freiburg, Tel. 0761/350 54, www.freiburg-camping.de, GPS 47°59'32"N, 7°52'24"E.

INFOS: Freiburg Wirtschaft Tourismus und Messe GmbH, Neuer Messplatz 3, 79108 Freiburg, Tel. 0761/388 18 80, www.visit.freiburg.de

TIPP: Außerhalb der Stadt, rund 20 Kilometer südlich vom Zentrum, lockt der 1284 Meter hohe Freiburger »Hausberg« mit einem einzigartigen Ausblick. Mit der Seilbahn geht es bequem hinauf. Wer einen schönen Blick auf Freiburg haben möchte, sollte zu Fuß auf den Schlossberg (452 Meter über N. N.) gehen.

37 BAD DÜRRHEIM

Erholen und Entspannen

Zwischen Schwarzwald und Schwäbischer Alb lädt das Städtchen Bad Dürrheim zum Entspannen ein. Ein freundlicher Ort, gute Rad- und Wanderwege in der Umgebung, das Thermalbad Solemar, ein farbenprächtiger Kurpark und der gute Stellplatz garantieren erholsame Reisetage.

In Bad Dürrheim (14 000 Einwohner) wird Relaxen und Gesundung großgeschrieben. Kein Wunder, denn immerhin ist der Ort heilklimatischer Kurort, Solebad und Kneipp-Kurort. Zur Besonderheit der Stadt gehören auch die relativ vielen Sonnentage. Wer das Reisemobil auf dem großen und komfortablen Stellplatz abgestellt hat, wird sich auf den Besuch der Therme Solemar freuen. Bad Dürrheim erstreckt sich auf einer Höhe von 733 Metern über N. N. und ist das höchstgelegene Solebad Europas. 1822 stieß man bei Bohrungen auf die unterirdischen Salzlager, die einen Salzanteil von immerhin 27 Prozent haben. 1823 begann man mit der Förderung der Salze, und seit immerhin 1883 nutzt man die Salze für Badekuren.

WELLNESS- UND GESUNDHEITSZENTRUM

In rund 320 Metern Tiefe lagern die Salzstöcke eines urzeitlichen Meeres. Das Salz ist heute die Grundlage für die Therme und verfügt über eine große Heilkraft. Wer die Solemar-Therme besucht, wird sich in den warmen Becken, den Saunen und Dampfbädern richtig wohlfühlen. Insgesamt umfasst die Badelandschaft eine Fläche von rund 4000 Quadratmetern. Bad Dürrheim bietet jedoch nicht nur die Solemar-Therme, sondern auch die Schwarzwald-Sauna, das Therapeutische Fitnesscenter MTT, das Bad Dürrheimer WellnessCenter, die Totes-Meer-Salzgrotte und das Rehazentrum. Für jeden Erholungssuchenden gibt es hier das passende Angebot.

Zahlreiche Wege führen durch den weitläufigen und farbenfrohen Kurpark von Bad Dürrheim.

SEHENSWÜRDIGKEITEN IN BAD DÜRRHEIM

Gut erholt sollte man das nette Örtchen unter die Lupe nehmen. Im Heimatmuseum erfährt man viel über die Saline und die Entwicklung des Kurwesens. Urkundlich wurde der Ort im Jahr 889 erstmalig erwähnt. Ab 1299 lenkte der Johanniterorden die Geschicke der Stadt und nach der Auffindung des riesigen Salzlagers mauserte sich der Ort zu einem beliebten Kurort. Ein weiteres interessantes Museum ist das Museum Narrenschopf, das sich der schwäbisch-alemannischen Fastnacht verschrieben hat. Neben Exponaten, die über die Geschichte der Fastnacht erzählen, ist eine Vielzahl von Masken zu bewundern. Jeden Freitagvormittag wird es im netten Zentrum lebendiger, wenn der bunte Wochenmarkt abgehalten wird. Zu den großen Festen gehören das alljährlich im September veranstaltete Ballon-Festival oder die Sommer-SINNfonie, die auf dem Rathausplatz veranstaltet wird. Auch rund um den Ort gilt es einiges Interessantes zu entdecken. Wander- und Radwege laden zu einem aktiven Urlaubstag ein. Wie wäre es mit einer Radtour nach Villingen-Schwenningen?

AUSFLUG NACH VILLINGEN-SCHWENNINGEN

1972 wurden die beiden Städte zusammengelegt, und so bietet die Doppelstadt Villingen-Schwenningen gleich zwei schöne Altstädte mit beachtlichen Bauwerken und interessanten Museen. Insbesondere in der Fastnachthochburg Villingen stößt der Besucher in der von Stadtmauer und Türmen umgebenen Altstadt auf historische Bauwerke. Allen voran das Münster Unserer Lieben Frau aus dem 12. Jahrhundert.

Vom Stellplatz (unten links) ist es nicht weit bis zur Solemar-Therme (oben links). Im Zentrum Bad Dürrheims (oben rechts) laden Cafés wie »Das Walz« zur Einkehr ein (unten rechts).

INFOS & ADRESSEN

STELLPLATZ: Der Bad Dürrheimer Stellplatz verfügt über eine große Fläche, auf der mehr als 400 Reisemobile abgestellt werden können. Hier steht der Reisemobilist auf ebenen Schotter- oder Rasenflächen. Der Reisemobilhafen ist bestens ausgestattet, verfügt über Mietwagen und kann mit einer ruhigen Lage aufwarten: Huberstr. 34, 78073 Bad Dürrheim, Tel. 0771/127 39, www.womo-badduerrheim.de, GPS 48°00'46"N, 8°32'07"E.

CAMPINGPLATZ: Der Campingplatz »Naturcamping Bad Dürrheim« ist mit vier Sternen dekoriert und liegt am Ufer des Sunthauser Sees, rund sieben Kilometer östlich von Bad Dürrheim: Am Steigle 1, 78073 Bad Dürrheim-Sunthausen, Tel. 07706/712, www.campingplatz-bad-duerrheim.de, GPS 48°0'15"N, 8°34'59"E.

INFOS: Kur- und Bäder GmbH, Luisenstr. 4, 78073 Bad Dürrheim, Tel. 07726/66 62 66, www.badduerrheim.de

TIPP: Erholen, Entspannen, Ausspannen, Baden, Saunieren, Relaxen, Kurieren, Spazieren. Bad Dürrheim ist der perfekte Ort, um einfach mal tief durchzuatmen!

Der Leuchtturm und der Bayerische Löwe markieren die Einfahrt des Hafens von Lindau.

38 BODENSEE

Reisefreuden am »Schwäbischen Meer«

Am Bodensee beginnt die Reisesaison früher, denn dank seines milden Klimas ist der See be-reits im Frühling ein ideales Reiseziel. Dann blühen nicht nur die Blumen an den Promenaden der makellosen Städte wie Lindau, Friedrichshafen, Meersburg, Überlingen und Konstanz, son-dern auch die Blumeninsel Mainau steht in prachtvoller Blüte. Für Aktive und Erholungssuchende ist der Bodensee gleichermaßen das ideale Reiseziel.

Jedes Frühjahr können es unzählige Reisemobilisten kaum erwarten, die Sachen zu packen und hinter dem Steuer des Wohnmobils zu sitzen. Viele zieht es dann ans »Meer«, zu romantischen Orten mit palmenbestandenen Promenaden, zu einer Insel, auf der im Frühling die Zitrusfrüchte blühen, und in alte Städte mit malerischen Gassen. Für viele geht es nicht nach Italien, sondern zum vielseitigen Bodensee, genauer gesagt zur deutschen Uferseite des »Schwäbischen Meeres«. Glücklicherweise stehen hier ausreichend Stell- und Campingplätze zur Verfügung. Nicht vergessen sollte man das Fahrrad, denn rund um den Bodensee kann man gut Rad fahren. So gönnt man dem Reisemobil eine Pause und steuert naturnah und umweltfreundlich eine der vielen Attraktionen an.

EIN SEE – DREI LÄNDER

Den Bodensee teilt sich Deutschland mit der Schweiz und Österreich. Er wurde durch mächtige Gletscher in der Eiszeit geschaffen und gehört heute zu den beliebtesten deutschen Reisezielen. Der See erstreckt sich im Alpenvorland. Zwischen Konstanz und Bregenz dehnt sich der Obersee aus und im nordöstlichen Bereich befinden sich die Seearme Überlinger See und Zeller See. Mit einer Fläche von 536 Quadratkilometern ist er immerhin das drittgrößte Gewässer Mitteleuropas und eine altbesiedelte Kulturlandschaft. Kelten, Römer und Alemannen ließen sich am See nieder und für Schriftsteller wie Annette Gräfin von Droste-Hülshoff und Hermann Hesse oder den

Maler Otto Dix war es ein Ort der Inspiration. Gleiches gilt für die Luftfahrtpioniere Claude Dornier und Graf Zeppelin. Von einer frühen Besiedlung zeugen die rekonstruierten Pfahlbauten in Unteruhldingen, die ebenso zu den vielen Highlights rund um den See gehören wie die sehenswerten Städte. Für Reisemobilisten lohnt sich eine Tour am Ufer entlang. Nahe der deutsch-österreichischen Grenze sollte man in Lindau beginnen.

INSELSTÄDTCHEN LINDAU

Lindau erstreckt sich am kurzen bayerischen Ufer des Bodensees. Die herrliche Altstadt liegt auf einer Insel, die jedoch durch einen Damm mit dem Festland verbunden ist. Die einstige Fischersiedlung hat sich zu einem beliebten Touristenort gemausert. Durch Handel und Schifffahrt kam Lindau zu Wohlstand und war 1220 sogar eine freie Reichsstadt. Die Altstadt glänzt heute mit tollen Bauwerken, die im gotischen, barocken oder im Renaissancestil errichtet wurden. Hier schlendert der Reisemobilist vorbei an alten Türmen und schmucken Patrizierhäusern sowie durch verträumte Laubengänge und schlendert zum Hafen. Mit ein wenig Glück ergattert man einen Platz in den netten Straßencafés und kann dann das bunte Treiben rund um den Hafen beobachten. Hier machen auch viele Ausflugsschiffe fest und passieren beim Ein- und Auslaufen die beiden Wahrzeichen der Stadt. So stehen am Ende der Hafenmolen der sechs Meter hohe bayerische Löwe und der 33 Meter hohe Leuchtturm.

Zu den schönsten Bauwerken der Stadt gehört das Rathaus, das im Jahr 1436 fertiggestellt wurde und über eine farbenprächtige Fassade verfügt. Unbedingt sollte man auch einen Blick in die älteste Kirche Lindaus, die Peterskirche, werfen. Sie verfügt über die einzigen erhaltenen Fresken von Hans Holbein dem Älteren, die »Lindauer Passion«. An dem mit dem Neptunbrunnen geschmückten Marktplatz befindet sich das informative Stadtmuseum (Haus zum Cavazzen), das derzeit umgebaut wird.

Wer Lindau besucht, sollte mit dem Ausflugsschiff eine Rundfahrt über den Bodensee unternehmen (links). Nahe dem Mangturm liegen Jachten im Lindauer Hafen (rechts).

Die Aussicht vom 22 Meter hohen Moleturm auf die Altstadt von Friedrichshafen ist atemberaubend (links). Zu den musealen Highlights am Bodensee zählt das Zeppelinmuseum in Friedrichshafen (rechts).

ZEPPELINSTADT FRIEDRICHSHAFEN

Anders als Lindau präsentiert sich die »Messe- und Zeppelinstadt« Friedrichshafen mit einer schlichteren Altstadt. Das Herz der Stadt schlägt am Hafen mit einer schönen Parkanlage und der aussichtsreichen Promenade. Wer die vielen Stufen des Aussichtsturms am Ende der Hafenmole hinaufsteigt, wird durch einen tollen Rundumblick belohnt. Nur einen Steinwurf ist das Zeppelinmuseum entfernt, das auf jeden Fall auf dem Programm stehen sollte. Es informiert sehr anschaulich über den Bau der riesigen Luftschiffe. In der großen Museumshalle wurde ein Teil des legendären Luftschiffs »Hindenburg« nachgebaut. Hier geht man durch die Kabine der Passagiere und blickt in das Innere des »Zeppelins«. Bekannt sind vor allem die Bilder der brennenden »Hindenburg« (1937). An das Museum schließt sich auch ein Kunstmuseum an. Nach dem Besuch macht es Spaß, über die Promenade, vorbei am Jachthafen, zu flanieren. Hier und rund um den See stößt man auf eine Vielzahl von Jachthäfen, die keinen Zweifel daran lassen, dass der Bodensee ein beliebtes Wassersportrevier ist. Weiße Segel vor den teils verschneiten Alpen gehören zu den bevorzugten Fotomotiven.

MILDES KLIMA

Von der Promenade in Friedrichshafen blickt man auf das grandiose Alpenpanorama. Zum gegenüberliegenden Schweizer Ort Romanshorn sind es gerade einmal 14 Kilometer, und das ist bereits die breiteste Stelle! Beachtlicher sind die maximale Länge von 72 Kilometern und die maximale Tiefe von 254 Metern. Die großen erwärmten Wassermassen übernehmen im Winter die Funktion eines Heizkörpers und bewirken ein mildes Klima. In rund 1000 Jahren war der Bodensee rund 30-mal zugefroren. Vor diesem Hintergrund ist es verständlich, warum Palmen und Platanen die Städte zieren und Rebhänge, Obstplantagen und Hopfengärten den See umgeben.

ALTES MEERSBURG

Die kleinen Weinberge sind nur ein Markenzeichen der Stadt Meersburg. Außerdem kann das Städtchen mit

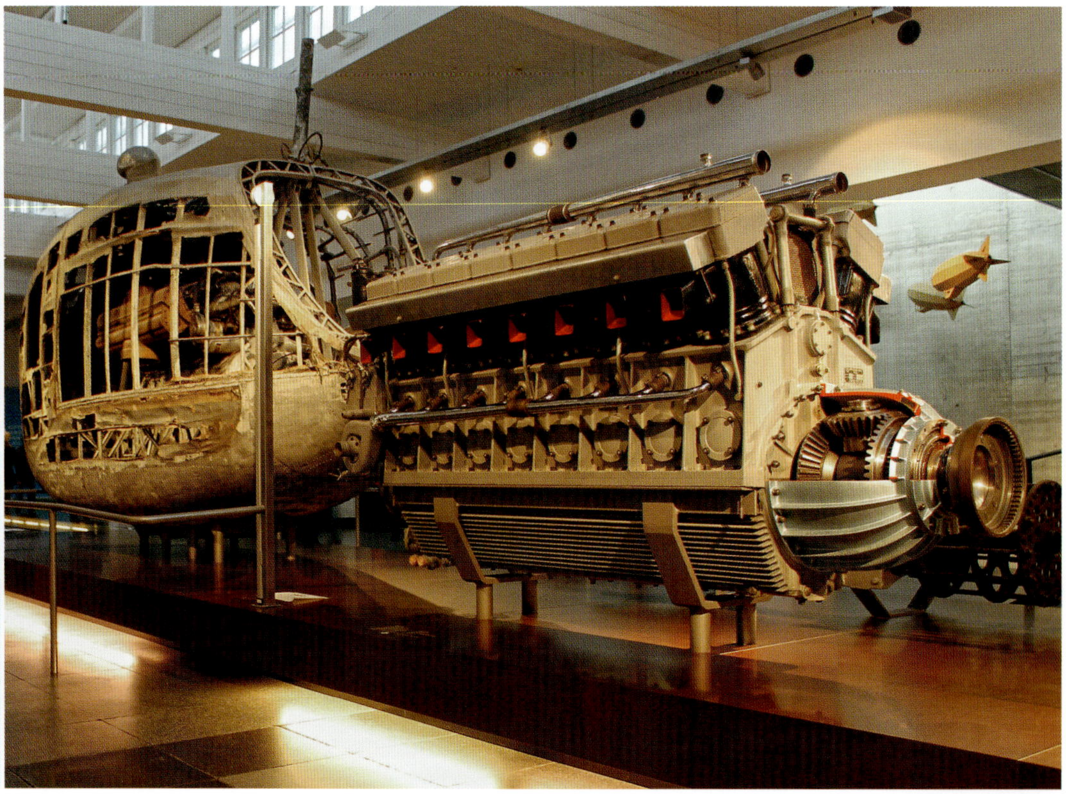

einer prächtigen Altstadt und einigen Burgen aufwarten. Kein Wunder, dass sie so viele Gäste anzieht. Gleich drei Stellplätze bieten sich zum Übernachten an, und so kann man auch am Abend der Stadt seine Aufmerksamkeit schenken. In der Oberstadt thront die älteste bewohnte Burg Deutschlands mit Gebäudeteilen aus dem siebten Jahrhundert. Nebenan steht das imposante Neue Schloss. Von der Terrasse ist der Blick über die alten Dächer und den See unvergleichlich schön. Hinunter geht man in die malerische Unterstadt und kann wieder den herrlichen Blick über das »Schwäbische Meer« schweifen lassen oder in einem der Restaurants schmackhafte Blaufelchen oder Seeforellen probieren. Direkt am Ufer, über die Promenade leicht zu erreichen, befindet sich das Thermal- und Erlebnisbad »Meersburg-Therme«, das zu völliger Entspannung beiträgt. In Meersburg kann man das Reisemobil gleich mehrere Tage stehen lassen, denn mit dem Schiff erreicht man bequem die Stadt Konstanz oder die Blumeninsel Mainau.

KONSTANZ

Mit dem Schiff geht es auf zu neuen Ufern. Beim Einlaufen in den Hafen von Konstanz (sprich: Konschtanz!) passiert man die sich drehende, neun Meter hohe und 18 Tonnen schwere Statue »Imperia«. Diese 1993 geschaffene Figur verkörpert eine vollbusige Hure, die auf ungewöhnliche Art eine wunderbare Stadt ankündigt. Auf ihren Händen trägt sie zwei armselige Männchen, die Kaiser und Papst darstellen sollen und eine satirische Anspielung auf das Konzil darstellen. Am Hafen stehen sich Tradition und Moderne auf engstem Raum gegenüber. Das Konzilgebäude (1388) war einst ein Lagerhaus. Dort fand 1417 die einzige, auf deutschem Boden durchgeführte Papstwahl statt. Vorbei am Jachthafen geht es zu einer modernen Attraktion, dem abenteuerlichen Sea Life Aquarium, das nur wenige Schritte von der deutsch-schweizerischen Grenze und der Nachbarstadt Kreuzlingen entfernt ist.

Auch die Altstadt ist nur einen Katzensprung entfernt. Freundliche Gassen mit netten Geschäften und farbenfrohen Fassaden sowie viele Straßencafés prägen das Herz von Konstanz. Belebter und beliebter Platz ist die Marktstätte, auf der sich unter anderem Straßenmusiker tummeln. Nicht versäumen sollte man den Besuch der beiden sakralen Bauwerke: der Stephanskirche und des Münsters. Das Münster wurde auf den Ruinen eines Römerkastells erbaut. Zum

Im Konstanzer Konzilgebäude wurde vor rund 600 Jahren der Papst Martin V. gewählt (links). Neben der Statue »Imperia« ziert ein historischer Hafenturm die Hafeneinfahrt der Stadt (rechts).

besonderen Inventar gehören die beiden rund 1000 Jahre alten Goldscheiben in der Krypta. Abschließen sollte man den Kirchenbesuch mit einer Turmbesteigung. Der Blick über Stadt und See ist grandios. Neben den vielen Geschäften der Altstadt lädt insbesondere das Einkaufszentrum Lago, im Süden der Altstadt, zum ausgiebigen Shopping ein. Hierbei sollte die Reisekasse jedoch nicht vollends geplündert werden, denn einige Euro müssen noch für den Eintritt der Blumeninsel Mainau übrig bleiben. Von Konstanz sind es nur wenige Kilometer zur Mainau. Mit dem Wohnmobil, dem Bus, dem Fahrrad oder dem Schiff kann man die Insel erreichen.

BLUMENINSEL MAINAU

Sie gehört sicherlich zu den bekanntesten Inseln Deutschlands und zählt alljährlich rund zwei Millionen Besucher, die sich dann an der Blumenpracht erfreuen. Die Insel Mainau mit ihrem Schloss und der einzigartigen Gartenanlage ist seit 1853 im Privatbesitz und gehört der Adelsfamilie Bernadotte, die entfernt mit dem schwedischen Königshaus verwandt ist. Rund um das barocke Schloss, das Palmenhaus und das neue Schmetterlingshaus sieht es dank zahlreicher Blumen sehr farbenfroh aus. Im Sommer blühen immerhin 12000 Rosen (1200 verschiedene Sorten) und gleich viele Dahlien. Zahlreich sind auch die Feste und Veranstaltungen, zu denen das traditionelle schwedische Mittsommerfest oder das Lucia-Fest gehören.

PFAHLBAUTEN UND BASILIKA BIRNAU

Eine gleichsam hochrangige Touristenattraktion ist das Pfahlbaumuseum in Unteruhldingen. Archäologische Funde waren die Grundlage für diese fachgerechte Rekonstruktion der Pfahlbauten. Hier taucht man in die Eisen- und Bronzezeit ein und besucht die Wohnhäuser, die auf Pfählen stehen und durch Stege miteinander verbunden sind. Im angegliederten Museum können Fundstücke bewundert werden. Mit dem Fahrrad oder zu Fuß geht es zur prächtigen Wallfahrtskirche Birnau, die 1750 errichtet wurde. Die Rokoko-Innenausstattung der Kirche gleicht einem gigantischen Kunstwerk. Nur wenige Kilometer entfernt ist das freundliche Städtchen Überlingen.

In Unteruhldingen lohnt sich ein Besuch des Pfahlbaumuseums (links). Die Wallfahrtskirche von Birnau gehört zu den bedeutendsten Kirchen am Bodensee (rechts).

Die Seepromenade von Überlingen bietet eine wunderbare Aussicht auf den Bodensee (links). Das milde Klima ermöglicht den Anbau von Wein (oben rechts). Mit dem »Gitzenweiler Hof« bietet Lindau einen empfehlenswerten Campingplatz (unten rechts).

ÜBERLINGEN

Es macht Spaß, durch Überlingen zu schlendern. Kaiser Friedrich Barbarossa gründete die Stadt 1180. Der Handel mit Salz, Getreide und Wein machte sie reich. Die Stadtmauer, Klöster und Kirchen sowie die schmucken Patrizierhäuser sind größtenteils Relikte aus dem Mittelalter. Im Rathaus kann man im Ratssaal kunstvolle Holzschnitzereien bewundern. Direkt nebenan steht die gotische Kirche St. Nikolaus. Im Inneren dieses Münsters gehört der zehn Meter hohe Hochaltar zu den Prunkstücken. Aushängeschild der Stadt ist die Promenade. Sie ist eine der längsten am Bodensee und beeindruckt durch die vielen Blumen. Hier nimmt man Platz und lässt die Seele baumeln. Wer in Überlingen relaxen möchte, sollte die Therme besuchen.

AKTIV AM BODENSEE

Auf dem Heckträger des Wohnmobils darf das Fahrrad nicht fehlen, denn man kann stets einige Etappen auf dem 268 Kilometer langen Bodensee-Radweg fahren. Aber auch Wandern, ausgedehnte Spaziergänge oder Nordic Walking bieten sich rund um den See an. Auf dem See kommen Wassersportler auf ihre Kosten. Hierbei reicht das Spektrum vom Segeln über Windsurfen, Wasserski, Paddeln, Stand-Up-Paddling bis hin zum Tauchen. Grundsätzlich ist Baden und Schwimmen im Bodensee erlaubt! Allerdings dauert es sehr lange, bis sich der große und tiefe See ausreichend aufgewärmt hat, und so müssen sich die Badegäste meist mit einem kurzen und erfrischenden Bad begnügen.

INFOS & ADRESSEN

STELLPLATZ: Zahlreich sind die Stellplätze am Bodensee, so zum Beispiel in Lindau, Kressbronn, Friedrichshafen, Stetten, Überlingen, Bodman-Ludwigshafen, Radolfzell, Allensbach, Reichenau-Mittelzell und Konstanz. Empfehlenswert ist der Stellplatz »Reisemobilstellplatz Ergeten« in Meersburg: Daisendorfer Straße, 88709 Meersburg, Tel. 07532/44 04 00, www.meersburg.de, GPS 47°42'6"N, 9°16'8"E.

CAMPINGPLATZ: Rund um den Bodensee liegen einige sehr komfortable Campingplätze. Sie befinden sich unter anderem in Kressbronn, Friedrichshafen, Immenstaad, Überlingen-Nußdorf, Überlingen, Bodman-Ludwigshafen, Konstanz-Dingelsdorf, Radolfzell-Markelfingen, Allensbach und Reichenau. Eine ruhige und idyllische Lage am Ufer des Bodensees hat der Campingplatz »Park Camping Lindau am See«: Frauenhoferstr. 20, 88131 Lindau, Tel. 08382/722 36, www.park-camping.de, GPS 47°32'16"N, 9°43'52"E.

INFOS: Internationale Bodensee Tourismus GmbH, Hafenstr. 6, 78462 Konstanz, Tel. 07531/90 94 90, www.bodensee.eu

TIPP: Auf der Hafenmole in Lindau steht der Leuchtturm. Es lohnt sich die Stufen auf den 33 Meter hohen Turm hinaufzusteigen, denn der Ausblick ist fantastisch.

39 ROTHENBURG OB DER TAUBER

Mittelalterliche Romantik

Kaum ein Städtchen in Deutschland zeigt ein so schönes mittelalterliches Stadtbild wie Rothenburg ob der Tauber. Enge Gassen, hübsche Kirchen, der geneigte Marktplatz, Fachwerkhäuser, stattliche Stadttore und die begehbare Stadtmauer prägen die Stadt.

Im Schutz der Hohenstaufenburg »Rote Burg« entstand im 12. Jahrhundert das Städtchen, das um 1400 seine Blütezeit hatte. Im Jahr 1356 wurden durch ein Erdbeben große Teile Rothenburgs und die Burg zerstört. Im Dreißigjährigen Krieg wurde die Stadt erstürmt und hat seitdem ihr Erscheinungsbild nur unwesentlich verändert – zum Glück! Im Zweiten Weltkrieg (März 1945) wurde die Stadt bombardiert, rund 40 Prozent der Bausubstanz fiel dem Bombardement zum Opfer, wurde jedoch originalgetreu wiederaufgebaut. Heute zieht es unzählige Menschen nach Rothenburg. Besucher kommen aus allen Erdteilen und erfreuen sich an einem Stadtrundgang. Im Winter zieht der berühmte Weihnachtsmarkt die Besucher in Scharen an.

UMGEBEN VON MÄCHTIGEN MAUERN

Wer sich nicht direkt in das Getümmel stürzen möchte, kann teilweise auf der Mauer entlanggehen und hat so einen Blick auf die sensationelle Altstadt oder blickt durch Schießscharten auf das grüne Umland. Der Mauerring ist mit 42 Türmen bestückt und schützt die Altstadt. Das Herz der Stadt schlägt am Marktplatz, an dem sich das Rathaus erhebt. Der hintere Teil des Rathauses ist gotisch, der vordere wurde im Renaissancestil errichtet. In der Ratstrinkstube von 1446 ist die Touristeninformation untergebracht. Im Historiengewölbe werden Ausstellungen zum Dreißigjährigen Krieg gezeigt. Wenige Schritte sind es zur St.-Jakob-Kirche, die 1311 erbaut wurde. Sie

Im Herzen der Altstadt von Rothenburg ob der Tauber befindet sich der Markt.

verfügt über den berühmten Heilig-Blut-Altar, den Tilman Riemenschneider geschaffen hat. Der Blutstropfen Christi zog bereits im Mittelalter zahllose Pilger an. Die sehenswerte Kreuzigungsgruppe (1513) in der Kirche St. Peter ist ein weiteres Werk Riemenschneiders. Zu den anderen sehenswerten Gotteshäusern gehören die Johanniskirche von 1410 und die gotische St. Wolfgangskirche, eine Wehrkirche mit unterirdischen Kasematten. Zwischen dem Markt und den vielen makellosen Stadttoren liegen malerische Gassen mit einladender Gastronomie. Hier speist der Gast in uriger und historischer Kulisse.

INTERESSANTE MUSEEN

Nicht nur das deutsche Weihnachtsmuseum ist einen Besuch wert, sondern auch das Reichsstadtmuseum (Heimatmuseum Rothenburg), das Puppen- und Spielzeugmuseum und das mittelalterliche Kriminalmuseum. Letzteres informiert über die Rechtsentwicklung vom Mittelalter bis ins 19. Jahrhundert und gehört zu den wichtigsten seiner Art in Deutschland. Sehr informativ sind auch die geführten Stadtrundgänge, unter denen der Rundgang mit dem Nachtwächter sicherlich die spannendste Variante ist.

SCHMACKHAFTE MITBRINGSEL

Als Mitbringsel kann neben einem vorzüglichen Wein der »Rothenburger Schneeball« erfreuen. Diese kalorienreiche Spezialität aus Mürbeteig liegt zuhauf in den Auslagen der Bäckereien.

Die Johanniskirche befindet sich im Zentrum der Altstadt (oben). Nur der gotische Turm des Rathauses konnte nach dem Bombardement 1945 gerettet werden (rechts). Der Stellplatz in der Bensenstraße liegt im wahrsten Sinne des Wortes direkt vor den Stadttoren (unten).

INFOS & ADRESSEN

STELLPLATZ: Rothenburg bietet drei Stellplätze. Ein perfekter Stellplatz liegt nur wenige Meter vor den Stadttoren, unweit der südlichen Spitalbastei, auf dem Parkplatz P2: Bensenstraße, 91541 Rothenburg ob der Tauber, Tel. 09861/404800, www.tourismus.rothenburg.de, GPS 49°22'16"N, 10°10'57"E.

CAMPINGPLATZ: Nur wenige Kilometer nördlich von der Altstadt entfernt befindet sich der Campingplatz »Camping Tauberromantik«. Er liegt direkt an dem Radweg »Liebliches Taubertal«, ist gut ausgestattet und bietet auch einen Fahrradverleih: Detwang 39, 91541 Rothenburg ob der Tauber, Tel. 09861/6191, www.camping-tauberromantik.de, GPS 49°23'16"N, 10°10'04"E.

INFOS: Rothenburg Tourismus Service, Marktplatz 2, 91541 Rothenburg ob der Tauber, Tel. 09861/404800, www.rothenburg-tourismus.de

TIPP: Lohnenswert ist der Ausblick vom Rathausturm. Von der Aussichtsplattform des 60 Meter hohen Turmes hat man einen herrlichen Blick über die Altstadt. Zugang über den Haupteingang!

40 ALTMÜHLTAL

Unverfälschte Idylle an der Altmühl

Das Altmühltal erstreckt sich in der Fränkischen Alb und bietet jenseits und diesseits des Flusses nette Städtchen sowie eine malerische Landschaft. Reizvoll ist der Abschnitt zwischen Pappenheim und der Bischofsstadt Eichstätt. Hier lohnen sich Ausflüge mit dem Kanu oder mit dem Rad.

Die 234 Kilometer lange Altmühl ist ein Nebenfluss der Donau und entspringt auf der Frankenhöhe nordöstlich von Rothenburg ob der Tauber (siehe S. 132) und mündet bei Kelheim in die Donau. Entlang des Flusses empfehlen sich einfache Naturcampingplätze direkt am Ufer. Ein anderes unverfälschtes Naturerlebnis bietet auch der rund 3000 Quadratkilometer große Naturpark Altmühltal, einer der größten in Deutschland.

PAPPENHEIMER UND URZEITVÖGEL

Der staatlich anerkannte Erholungs- und Luftkurort Pappenheim hat eine reizvolle Lage in einer Flussschleife und kann mit einer netten Altstadt samt Burgruine, zwei Schlössern und der St.-Gallus-Kirche, einer der ältesten Kirchen im Frankenland, aufwarten. Besucher werden sich insbesondere über das Freibad und den Kletterpark freuen. Der Ort wurde durch Friedrich Schillers Wallenstein-Trilogie und durch den Ausspruch »... daran erkenn ich meine Pappenheimer« bekannt. Nur wenige Kilometer flussabwärts liegt Solnhofen. Rund um den Ort wurde der »Solnhofer Schiefer« abgebaut. Zu den bedeutendsten Funden gehört der »Urvogel« Archaeopteryx. Im Museum Solnhofen können unzählige steinerne Abdrücke bestaunt werden.

FORMATION »ZWÖLF APOSTEL«

Am östlichen Ortsausgang von Solnhofen liegt ein Parkplatz, an dem man eine kleine Wanderung zu

Ein beschaulicher Ort im Altmühltal ist Solnhofen in der Nähe von Pappenheim.

den »Zwölf Aposteln«, einer einzigartigen Formation des Kalksteingebirges, starten kann. Generell macht das Wandern in dem großen Naturpark viel Spaß und da keine großen Höhendifferenzen überwunden werden müssen, ist diese Wanderung auch für Ungeübte ohne Weiteres machbar. Für Radfahrer ist die Region ebenfalls interessant, denn der Altmühlradweg führt oft am Fluss entlang und bietet so idyllische Momente. Die Länge des Radwegs zwischen Gunzenhausen und Kelheim beträgt immerhin 157 Kilometer. Darüber hinaus ist das Flüsschen Altmühl ein herrliches Revier für Kanuten und Kajakfahrer. Auf dem seichten Gewässer geht es gemütlich und lautlos weiter von einer Stromschnelle zur nächsten.

BISCHOFSSTADT EICHSTÄTT

Im Vergleich zu den vielen kleinen Dörfern wirkt Eichstätt direkt großstädtisch. Für die Stadt sollte sich der Reisemobilist Zeit nehmen, denn sie bietet neben einer herrlichen Altstadt allerlei Interessantes. Ein Muss ist der zentral gelegene Dom, der über ein reiches Inventar verfügt. Die dreischiffige gotische Hallenkirche wurde 1396 fertiggestellt. Von unvergleichlicher Schönheit sind der Residenz- und der Marktplatz, die von prächtigen Bauwerken gesäumt werden. Außerhalb der Altstadt thront die Willibaldsburg über der Altmühl. Sie geht auf eine mittelalterliche Burg aus dem 11. Jahrhundert zurück. Im Inneren der Burg lohnen sich ein Besuch des Jura Museums Eichstätt mit dem »Urvogel« Archaeopteryx und des Museums für Ur- und Frühgeschichte.

Majestätisch thront die Willibaldsburg über der Altmühl (oben). Den Brunnen im Zentrum des Marktplatzes von Eichstätt ziert eine Figur des Hl. Willibald (rechts). In der Region durchstreifen vielfach Schafherden die Weiden und Heiden (unten).

INFOS & ADRESSEN

STELLPLATZ: Empfehlenswert ist der Stellplatz in Eichstätt, er befindet sich am östlichen Stadtrand. Hier steht das Reisemobil auf einer ebenen Rasenfläche, teilweise unter Bäumen: Pirkheimer Straße/Schottenwiese, 85072 Eichstätt, Tel. 08421/90 06 10, www.eichstaett.de, GPS 48°53'04"N, 11°11'52"E.

CAMPINGPLATZ: In dem Örtchen Dollnstein steht direkt an der Altmühl ein Campingplatz zur Verfügung. Gleiches gilt für »Naturcamping AktivMühle« in Solnhofen. Sehr reizvoll steht man auf dem Naturcampingplatz in Pappenheim auf einer großen Wiese: Badweg 1, 91788 Pappenheim, Tel. 09143/12 75, www.camping-pappenheim.de, GPS 48°56'03"N, 10°58'09"E.

INFOS: Tourist-Information Eichstätt, Domplatz 8, 85072 Eichstätt, Tel. 08421/600 14 00, www.eichstaett.de

TIPP: Ein Muss ist ein Ausflug mit dem Kanu. In vielen Orten kann man auf den Campingplätzen, zum Beispiel in Solnhofen oder Dollnstein, sowie an anderen Bootsverleihstationen ein Kanu ausleihen. Dann kann das kleine Abenteuer auf der Altmühl beginnen. Viel Spaß!

Zu den Sehenswürdigkeiten der Stadt Frauenau gehört das interessante Glasmuseum.

41 BAYERISCHER WALD

Reinste Luft und Stadtbesichtigungen

Der dünn besiedelte Bayerische Wald ist ein Gesundbrunnen, denn ihm wurde die reinste Luft Deutschlands bescheinigt. Viele Luftkurorte laden zur Erholung ein, und Wellnesshotels bieten das gewünschte Verwöhnprogramm an. Die gute Luft und die teils ursprüngliche Natur machen die Region zu einem attraktiven Urlaubsziel für Reisende, die kurzzeitig eine Auszeit nehmen und mal richtig durchatmen möchten.

Im Osten Bayerns, zwischen Donau und tschechischer Grenze, stößt man auf das größte zusammenhängende Waldgebiet in Mitteleuropa und kann sich an vielen Naturerlebnissen erfreuen. Aktiv kann man den Bayerischen Wald auf Schusters Rappen oder mit dem Fahrrad entdecken. Ob bei kurzen Ausflügen oder langen Wanderungen hinauf zu einem der vielen Berge, das Wandervergnügen ist garantiert. 130 Berge haben in diesem Mittelgebirge eine Höhe von über 1000 Metern, und die Namen dieser Höhen muss der Gast wie Vokabeln lernen, denn Arber, Osser, Rachel, Lusen, Dreisessel oder Brotjacklriegel sind dem Besucher nicht auf Anhieb vertraut. Liebevoll wird das waldreiche Mittelgebirge auch als das »grüne Dach Europas« bezeichnet. Der Große Arber mit seinen beachtlichen 1456 Metern Höhe lockt im Sommer die Wanderer und im Winter die Wintersportler. Seit Langem hat sich der Bayerische Wald als lohnenswertes Wintersportgebiet etabliert und bietet viele Pisten, gespurte Loipen und geräumte Wanderwege. Darüber hinaus sind die Stell- und Campingplätze zahlreich.

NATURSCHUTZ UND GLASPRODUKTION

Der Nationalpark Bayerischer Wald ist der älteste Nationalpark Deutschlands. Große Flächen wurden unter Naturschutz gestellt. Dennoch bleibt es im Bayerischen Wald nicht nur bei unvergessenen Naturerlebnissen. Nein, die Region bietet darüber hinaus eine lebendige Tradition und reizvolle Städte. Seit mehr als 700 Jahren wird hier Glas produziert. Zu einer interessanten Rundtour gehört die Fahrt mit dem Reisemobil über die Glasstraße. Hier macht man an Glasschauhütten halt und kann kunstvoll gestaltete Glasprodukte wie Vasen, Trinkgefäße und Kristallglas bewundern oder kaufen. Traditionsreiche Orte der Glasproduktion sind unter anderem Bodenmais, Zwiesel, Spiegelau und Frauenau. In Frauenau sollte man unbedingt das informative Glasmuseum besichtigen. Bei einem Urlaub in Ostbayern sollte man sich nicht auf die Tage im Bayerischen Wald beschränken, sondern auch dem tschechischen Nachbarn einen Besuch abstatten, denn der Bayerische Wald geht auf tschechischer Seite nahtlos in den Böhmerwald über. Hier wurde ebenfalls ein Nationalpark eingerichtet. Eine Wanderung im Sumava Nationalpark lohnt sich.

STIPPVISITEN IN DEN STÄDTEN

Auch auf der deutschen Seite des Bayerischen Walds locken im Donautal malerische Städte wie Regensburg, Straubing, Deggendorf und natürlich Passau. Die reizvollen Städte bieten neben sehr guten Einkaufsmöglichkeiten auch ein attraktives kulturelles Programm. Regensburg (siehe S. 140) blickt auf eine rund 2000-jährige Stadtgeschichte zurück und beeindruckt durch eine herrliche Altstadt. Als Dom-, Handels- und Universitätsstadt hat sie viele Gesichter und lockt mit Attraktionen wie der Steinernen Brücke, dem Alten Rathaus oder dem Dom St. Peter. Wenige Kilometer entfernt befindet sich die Walhalla, eine Art griechischer Ruhmestempel. Dieser »Ehrentempel der Deutschen« nach griechischem Vorbild bietet einen grandiosen Ausblick über das Donautal. Folgt man dem Fluss, so erreicht man Straubing. Auf dem lang gezogenen Marktplatz mit den stolzen Bürgerhäusern ist noch etwas von dem einstigen Reichtum der Stadt zu spüren. Flussabwärts erreicht man das idyllische Städtchen Deggendorf mit dem schönen altbayerischen Stadtplatz. An der Grenze zum Nachbarland Österreich, an den Flüssen Inn, Donau und Ilz, liegt die einladende Stadt

In Zwiesel steht vor dem Hauptgebäude der Glasmanufaktur von Schott die gigantische, über acht Meter hohe Glaspyramide (links). Im Herzen der Altstadt von Deggendorf befindet sich das Alte Rathaus (rechts).

Passau (siehe S. 142), die ein italienisches Flair versprüht. Bei Hochwasser wie letztmalig im Jahr 2019 bereiten die Flüsse der malerischen Altstadt zum Teil große Probleme. Bei normalem Wasserstand gehört die Dreiflüsse-Stadtrundfahrt mit dem Schiff zu den Highlights der Stadt.

ERKUNDUNGEN IM NATIONALPARK BAYERISCHER WALD

Kaum zu glauben, aber wahr: Erst 1970 wurde in Deutschland der erste Nationalpark eingerichtet. Hierbei erhielt der Bayerische Wald den höchsten Schutzstatus. 1997 wurde das Nationalparkgebiet noch einmal umfangreich erweitert. Der 243 Quadratkilometer große Nationalpark geht auf tschechischer Seite in den Sumava Nationalpark über und gehört zu den größten Naturschutzgebieten in Mitteleuropa. Es macht Spaß, hier zu wandern und sich entlang der Lehrpfade über die Flora und Fauna des Nationalparks zu informieren. Insgesamt stehen 320 Kilometer ausgeschilderte Wanderwege zum Entdecken bereit. Die Landschaft ist vielseitig und umfasst kleine verträumte Seen oder große Gewässer wie den Stausee Reschbachklause, karge Felsen, dichte Wälder und kahle Gipfel. Der Wald wird forstwirtschaftlich nicht genutzt, sodass die Natur sich selbst überlassen ist. Das Ergebnis ist ein Urwald mit umgefallenen bewachsenen Bäumen, morschen Baumriesen und herumliegendem Totholz.

Eine vielbesuchte Attraktion ist das große Tierfreigelände. In 20 großen Freigehegen können Tiere beobachtet werden, die früher in dieser Region heimisch waren. Möchte man Wisente, Luchse, Otter, Wölfe und Braunbären in Ruhe beobachten, dann sollte man das Gelände in den frühen Morgenstunden oder am späten Nachmittag besuchen. Morgens haben Schüler die Tiere noch nicht aufgeschreckt. Ein rund sieben Kilometer langer Rundweg führt durch das Gelände.

AKTIV ZU JEDER JAHRESZEIT

Naturfreunde kommen in dem großen Mittelgebirge auf ihre Kosten, und es macht viel Spaß, den Bayerischen Wald aktiv zu entdecken. Die Entdeckungstour

Über einen 1300 Meter langen Steg gelangt man auf die Aussichtsplattform des Baumwipfelhauses im Nationalpark Bayerischer Wald (links). Die Ausstellung im Haus der Wildnis bei Ludwigsthal gefällt Jung und Alt (rechts).

kann man auch auf dem Pferderücken oder mit dem Fahrrad durchführen. Ratsam ist es jedoch, die Wanderschuhe anzuziehen und auf einem der vielen Wanderwege zu wandern. Im Sommer 2006 wurde der Premiumwanderweg »Goldsteig« eröffnet, der eine beachtliche Länge von 600 Kilometern hat. Die Beschaffenheit der Wege ist bestens und die Attraktivität der Natur gewährleistet. Zahlreiche wanderfreundliche Betriebe laden dann zu einer Pause oder Übernachtung ein. Wer es nicht übertreiben möchte, kann sich auf kleinen Streckenabschnitten an der schönen Natur erfreuen.

Mit dem Winter enden die aktiven Entdeckungstouren im Bayerischen Wald jedoch nicht, und dank einiger Wintercampingplätze lohnt sich auch der Aufenthalt mit dem Wohnmobil. Dann sind die vielen Loipen gespurt und man kann auf Langlaufskiern seinem Hobby nachgehen. Zahlreiche Wanderwege sind dann geräumt, mit dem richtigen Schuhwerk geht es durch eine verzauberte Winterlandschaft. Weitaus schneller unterwegs sind die Skifahrer auf den Pisten in einem der vielen Skigebiete. Rund um den 1456 Meter hohen Arber lockt das Skigebiet »Arber-Land« mit modernen Liftanlagen und – wenn notwendig – mit künstlich beschneiten Pisten. Aber auch abseits der höchsten Erhebung im Bayerischen Wald stößt man auf eine Vielzahl großer und kleiner Pisten zu moderaten Preisen. Die Urlaubskasse wird hier geschont und so bleibt noch ein wenig Geld für das Après-Ski übrig. Den Tag oder das gute Essen kann man mit einem »Bärwurz« krönen. Diesen beliebten Schnaps findet man in der Hausapotheke ebenso wie in der Hausbar. Er ist ein Destillat aus den Wurzeln der Bärwurzpflanze. Prost!

Nach einer Wanderung auf dem Großen Arber lädt die Eisensteiner Hütte zur Einkehr ein (links). Den Großen Arbersee kann man in etwa einer halben Stunde umrunden (oben rechts). Von Regensburg lohnt sich ein Ausflug zur Walhalla (unten rechts).

INFOS & ADRESSEN

STELLPLATZ: Zahlreiche Städte und Gemeinden verfügen über Stellplätze, unter anderem Furth im Wald, Eschlkam, Neukirchen bei Heiligenblut, Bad Kötzing, Arnbruck, Prackenbach, Regensburg, Viechtach, Bodenmais, Zwiesel, Regen, Frauenau, Spiegelau, Deggendorf, Lalling, Hunding, Riedlhütte, Grafenau, Schönberg, Freyung, Zenting, Neureichenau, Hofkirchen, Eging am See, Tiefenbach, Vilshofen, Thyrnau und Passau. Empfehlenswert ist der zwar geneigte, jedoch ruhige und ortsnahe Stellplatz in Bodenmais: Kötztinger Str. 37, 94249 Bodenmais, Tel. 09324/77 81 35, www.bodenmais.de, GPS 49°4‘16“N, 13°5‘31“E.

CAMPINGPLATZ: Zu den vielen guten Campinganlagen gehört der ganzjährig geöffnete Campingplatz »Ferienpark Arber«. Er ist bestens ausgestattet und bietet ein großes geneigtes Wiesengelände: Waldesruhweg 34, 94227 Zwiesel, Tel. 09922/80 25 95, www.ferienpark-arber.de, GPS 49°01‘29“N, 13°13‘18“E.

INFOS: Tourismusverband Ostbayern e. V., Im Gewerbepark D 04, 93059 Regensburg, Tel. 0941/58 53 90, www.bayerischer-wald.de

TIPP: Im Nationalpark, im Nationalparkzentrum Lusen, sollte man den Baumwipfelpfad besuchen (www.baumwipfelpfad.bayern)!

42 REGENSBURG

Prächtige Stadt an der Donau

Alte Kirchen, Patrizierhäuser und Geschlechtertürme in der Altstadt entführen den Gast in eine besondere Welt, die er sonst nur aus Ländern südlich der Alpen kennt. Trotz aller Nostalgie hat sich Regensburg von einem Römerlager zu einer modernen Stadt entwickelt.

Ihre große Popularität verdankt die südlich der Donau gelegene Universitäts- und Bischofsstadt ihrem historischen Stadtzentrum, das durch die Aufnahme in die UNESCO-Weltkulturerbe-Liste geadelt wurde. Sicherlich haben auch die Berichte aus dem Hause von Thurn und Taxis zum hohen Bekanntheitsgrad der Stadt beigetragen.

WELTKULTURERBE ALTSTADT

In der Altstadt spiegeln viele Bauwerke aus dem 11.–13. Jahrhundert die einstige politische, religiöse und wirtschaftliche Bedeutung wider. Zwischen der Steinernen Brücke (12. Jahrhundert) im Norden, dem Schloss Thurn und Taxis im Süden, dem Stadtmuseum im Osten und der um 1185 erbauten St.-Jakob-Kirche im Westen erstreckt sich die Altstadt. Vor dem Stadtrundgang sollte man die Touristeninformation im Alten Rathaus, eine alte Patrizierburg mit hohem Turm, aufsuchen. Informieren kann man sich auch in dem UNESCO-Besucherzentrum, das sich im Salzstadel an der Steinernen Brücke befindet. Bestens gerüstet geht es dann zum Dom mit seinen filigranen Türmen. Er wurde zwischen dem 13. und 16. Jahrhundert nach französischem Vorbild errichtet und zählt zu den bedeutendsten gotischen Kirchen in Bayern. Vor der kunstvoll gestalteten Domfassade erstreckt sich der Krauterer Markt. Wie an dem benachbarten Neupfarrplatz oder dem malerischen Bismarckplatz sollte man sich ein luftiges Plätzchen in einem der

Das Donau-Schifffahrtsmuseum befindet sich an Bord zweier historischer Donauschiffe.

einladenden Straßenrestaurants gönnen. Danach sind es nur wenige Schritte bis zum nächsten Highlight, wie dem Obermünster mit dem Diözesanmuseum, dem römischen Tor Porta Praetoria, dem Brückenturm Brücktor oder der ehemaligen Residenz Herzoghof. Wenn man durch die Altstadt schlendert, ist der Blick stets auf die Vergangenheit Regensburgs gerichtet. Die Stadt hat jedoch auch eine sehr fortschrittliche Seite. So produziert BMW hier seine Cabrios und Coupés der 3er-Baureihe, und OSRAM fertigt hochleistungsfähige LED-Lampen. Darüber hinaus ist Regensburg ein bedeutender Bildungsstandort. Insgesamt 23 000 Studenten lernen an der Universität, der Technischen Hochschule und an der Hochschule für katholische Kirchenmusik, der ältesten Musikhochschule der Welt.

KULTUR UND LIFESTYLE

Über die Stadtgrenzen hinaus sind die Regensburger Domspatzen bekannt. Dieser Chor wurde 945 gegründet und ist der älteste Knabenchor der Welt. Das kulturelle Angebot ist umfassend und bietet die Schlossfestspiele Thurn und Taxis, das Bayerische Jazz-Weekend, zahllose Pop-, Rock- und Klassikkonzerte sowie Kabarett und Theateraufführungen. Sehr gut ist auch das Angebot für Einkaufslustige. Im Zentrum liegen moderne Läden und traditionelle Geschäfte gleich nebenaneinander. Zu den vielen interessanten Museen gehört das Keplerhaus, in dem 1630 der bekannte Astronom Johannes Kepler starb.

Der Regensburger Dom markiert das Zentrum der reizvollen Altstadt (rechts). Direkt nördlich befindet sich der Krauterer Markt (oben). Etwa eine halbe Stunde von Regensburg entfernt steht man auf dem »Wohnmobilstellplatz Kaiser-Therme« in Bad Abbach (unten).

INFOS & ADRESSEN

STELLPLATZ: Ein perfekter und zugleich erholsamer Stellplatz befindet sich in dem Kurort Bad Abbach, rund acht Kilometer westlich von Regensburg. Hier steht man auf ebenen Stellplätzen direkt an der Kaiser-Therme: Kurallee 4, 93077 Bad Abbach, Tel. 09405/951 70, www.kaiser-therme.de, GPS 48°55'37"N, 12°2'22"E.

CAMPINGPLATZ: Rund vier Kilometer von der Regensburger Altstadt ist »Azur Camping Regensburg« entfernt. Hier steht das Wohnmobil auf ebenen Wiesen unter hohen Bäumen: Weinweg 40, 93049 Regensburg, Tel. 0941/27 00 25, www.azur-camping.de, GPS 49°1'39"N, 12°3'33"E.

INFOS: Regensburg Tourismus GmbH, Rathausplatz 4, 93047 Regensburg, Tel. 0941/507 44 10, www.tourismus.regensburg.de

TIPP: Lohnenswert ist der Ausflug zur Walhalla (übersetzt: Totenhalle). Dieser Parthenontempel liegt bei Donaustauf oberhalb der Donau und bietet einen spektakulären Ausblick. Er wurde 1842 errichtet und ehrt deutsche Künstler und Wissenschaftler. Ein großer Parkplatz befindet sich direkt am Ruhmestempel (www.stbar.bayern.de).

43 PASSAU

Rundgang im bayerischen Venedig

Passau hat eine einzigartige Lage am Zusammenfluss von Donau, Inn und Ilz und gehört zu den schönsten Städten des Landes. Die Architektur in der herrlichen Altstadt rund um den Dom St. Stephan zeigt italienische Einflüsse.

Die Geschichte von Passau lässt sich bis zum Jahr 200 n. Chr. zurückverfolgen. Es waren die Römer, die am südlichen Innufer ein Lager anlegten. Im Laufe ihrer Geschichte blieb die attraktive Altstadt nicht von verheerenden Hochwassern verschont – letztmalig im Jahr 2019. Gleich mehrere Stellplätze sind ein guter Ausgangspunkt, um die prächtige Universitätsstadt Passau zu besuchen. Vom ebenen Stellplatz »Parkplatz an der Ilzbrücke« (Halser-Straße) sind es nur wenige Hundert Meter zur Prinzregent-Luitpold-Brücke, die über die Donau führt und den Weg in die herrliche Altstadt ebnet. Von der Brücke hat der Besucher einen einzigartigen Blick auf das Herz der Stadt. Hier sollte man in aller Ruhe den Blick über das einzigartige Ensemble von hohen Türmen, stattlichen Bauwerken und passierenden Ausflugsschiffen schweifen lassen, bevor man durch die Gassen schlendert.

RUND UM DEN DOM ST. STEPHAN

Die Donau im Norden und der Inn im Süden rahmen die schöne Altstadt ein. Hier sind es nur wenige Schritte von einem beeindruckenden Bauwerk zum nächsten. Am Domplatz erhebt sich der weiß gekalkte Dom St. Stephan. Bei einem Stadtbrand von 1662 wurden große Teile des Gotteshauses zerstört. In den Jahren 1668–1678 bauten italienische Barockkünstler den Dom wieder auf. Im Inneren sind die weltweit größte Domorgel sowie kunstvolle Stuckarbeiten,

Vom nördlichen Ufer der Donau blickt man auf die Altstadt von Passau.

Fresken und wertvolle Gemälde zu bestaunen. Nebenan steht die neue bischöfliche Residenz, in der das Domschatz- und Diözesanmuseum untergebracht sind. Wenige Schritte sind es zum Glasmuseum und zum Alten Rathaus, dessen älteste Gebäudeteile aus dem Jahr 1393 stammen. Ins Auge fallen die kunstvollen Fassadenmalereien. Der Rathausturm aus dem 18. Jahrhundert streckt sich 68 Meter in die Höhe. Schräg gegenüber steht das Neue Rathaus am Ufer der Donau. Wer weiter durch die Altstadt schlendert, wird sich über das große Angebot an netten Geschäften, Cafés, Restaurants und Kneipen freuen. Wer einen Platz im Freien ergattert, wird an einem lauen Sommerabend einen mediterranen Charme verspüren.

DREIFLÜSSEECK

Über die Promenade am Innkai oder Donaukai geht es in östlicher Richtung bis zur Spitze Dreiflüsseeck. An den stattlichen Häusern sind die Hochwassermarken angebracht, mit der Rekordmarke von 2013! Am Dreiflüsseeck fließen die Flüsse Ilz, Donau und Inn zusammen. Bei genauerer Betrachtung fallen die unterschiedlichen Farbtöne der Gewässer auf. Ins Auge stechen auch die burgartige Veste Obernhaus in geschützter Höhe und die Veste Niederhaus zwischen Ilz und Donau. Am Kai machen ebenfalls viele Flusskreuzfahrtschiffe fest. Passau erfreut sich auch bei dieser Reisegruppe größter Beliebtheit. Von der Spitze sind es nur wenige Schritte bis zum empfehlenswerten Museum Moderner Kunst mit Werken des 20. Jahrhunderts.

Abends wird der Wittelsbacherbrunnen auf dem Residenzplatz stimmungsvoll beleuchtet (oben). Die Orgel im Stephansdom ist weltweit die größte Domorgel (rechts). Ein guter Stellplatz in der Nähe der Altstadt ist der »Parkplatz an der Ilzbrücke« (unten).

INFOS & ADRESSEN

STELLPLATZ: Rund um Passau stehen insgesamt vier Stellplätze zur Verfügung. Empfehlenswert ist neben dem Stellplatz in der Nähe des Bahnhofs (Regensburger-Str. 1) auch der ebene Platz in der Nähe der Ilzbrücke: Parkdeck Ilzbrücke, Halser-Str. 2, 94032 Passau, Tel. 0851/92 29 80, GPS 48°34'43"N, 13°28'26"E.

CAMPINGPLATZ: Rund acht Kilometer westlich von Passau befindet sich der Campingplatz »Irring-Dreiflüsse-camping«. Er liegt oberhalb des Dorfes Irring mitten im Grünen. Eine Bushaltestelle ist 200 Meter entfernt, und in 20 Minuten ist man mit dem Bus im Zentrum: Am Sonnenhang 8, 94113 Tiefenbach, Tel. 08546/633, GPS 48°36'26"N, 13°20'44"E.

INFOS: Tourist Information Passau, Rathausplatz 2, 94032 Passau, Tel. 0851/95 59 80, www.passau.de

TIPP: Zahlreiche Ausflugsschiffe laden zu einer Schifffahrt ein. Von der Flussseite ist der Blick auf die Altstadt herrlich. Die kürzeste Fahrt dauert 45 Minuten (www.donauschifffahrt.es).

44 BÄDERDREIECK IN OSTBAYERN

Drei Thermen auf einen Schlag

In Ostbayern bilden die Orte Bad Füssing, Bad Griesbach im Rottal und Bad Birnbach das Bäderdreieck. Hier werden Kuren, Wellness und Erholung großgeschrieben. Die Thermen bieten Verwöhnprogramme, Kurparks laden zu Spaziergängen und gute Campingplätze zum Verweilen ein.

Die drei Orte des Bäderdreiecks bieten allesamt erholsame Thermen, die das warme Heilwasser nutzen. Darüber hinaus ist ein umfangreiches therapeutisches und sportliches Angebot selbstverständlich. Was vielleicht wie ein Witz klingt, ist bei einigen Krankenkassen normal. So können sich die Reisemobilisten nach vorheriger Absprache die Kosten oder Anteile für Kuren und Anwendungen erstatten lassen. Wer allerdings spontan die drei netten Orte ansteuert und die Thermen besucht, wird ebenfalls auf seine Kosten kommen.

ENTSPANNEN IN DER THERME

Die Rottal-Therme in Bad Birnbach bietet Innen- und Außenbäder mit Temperaturen bis zu 40° Celsius und natürlich eine Saunalandschaft. Wer es etwas natürlicher liebt, wird sich im Sommer ein Bad in dem netten Badesee gönnen. Bad Birnbach hat jedoch auch eine besondere Innovation zu bieten, denn hier fährt der erste autonome Bus Deutschlands – elektrisch und umweltfreundlich. Er verfügt über sechs Sitzplätze und fährt bis zu 15 km/h schnell. Sehenswert ist die spätgotische Pfarrkirche von Bad Birnbach, die 1483 erbaut wurde. Rund um den Ort lohnen sich Wanderungen und Radtouren. Wer gerne Golf spielt kommt hier ebenso auf seine Kosten.

Gut schwitzen lässt es sich auch in der Europa-Therme in Bad Füssing, insbesondere in der Rottaler Hexensauna mit ihren höllischen Aufgüssen. Die Therme gehört zu den größten in Europa und bietet

Der Kurpark von Bad Füssing wartet mit einer farbenfrohen Blumenpracht auf.

ein unendliches Angebot an Wellness, Massagen, Anwendungen und Bewegungstherapien. Nicht versäumen sollte man vor oder nach dem Thermenbesuch einen Rundgang in dem herrlichen und farbenfrohen Kurpark, der sich direkt an die Therme anschließt. Der Kurort Bad Füssing (7400 Einwohner) kann unter allen deutschen Kurorten die meisten Übernachtungszahlen verbuchen. Immerhin stehen rund 13 500 Gästebetten zur Verfügung.

Seit 1979 ist Bad Griesbach staatlich anerkannter Kurort, verfügt über drei Thermal-Mineralquellen und ist bei Golfern aufgrund des riesigen Golfresorts bekannt, das zu den größten in Europa gehört. Hier stehen sechs 18-Loch-Meisterschaftsplätze zur Verfügung. Außerdem gehören der schmucke Marktplatz, die Pfarrkirche und die Friedhofskirche von 1500 zu den Sehenswürdigkeiten der Stadt.

AUSFLÜGE IN DIE UMGEBUNG

Glücklicherweise ist man mit dem Reisemobil flexibel und kann Ausflüge unternehmen. So sollte man auf jeden Fall einen Abstecher nach Asbach unternehmen und der Kirche St. Matthäus seine Aufwartung machen. Die ehemalige Klosterkirche wurde Ende des 18. Jahrhunderts geschaffen und kann mit einer beeindruckenden Rokoko-Innenausstattung auftrumpfen. Ein weiteres sehenswertes Gotteshaus ist die Kirche Maria Himmelfahrt in Rotthalmünster. Sie stammt größtenteils aus dem 15. Jahrhundert.

Gemütlich sitzt man auf dem Marktplatz in Bad Griesbach (links). Etwa eineinhalb Kilometer vom Campingplatz Holmernhof (oben rechts) entfernt können es sich Reisemobilisten in der Europa-Therme in Bad Füssing (unten rechts) gutgehen lassen.

INFOS & ADRESSEN

STELLPLATZ: In Bad Füssing befindet sich ein Stellplatz beim Wirtshaus Maiers Burgwirtschaft (Inntalstr. 24). In Bad Griesbach steht man beim Gasthof Zum Pfandl (Schwaimer Str. 9) und in Bad Birnbach ist der »Wohnmobil-Hafen Arterhof« eine gute Adresse: Hauptstr. 3, 84364 Bad Birnbach, Tel. 08563/961 30, www.arterhof.de, GPS 48°26'6"N, 13°6'34"E.

CAMPINGPLATZ: In Bad Birnbach lohnt sich die Unterkunft auf dem Kur-Gutshof-Camping Arterhof (www.arterhof.de), der über ein eigenes Thermalbad verfügt oder auf dem Campingplatz Theresienhof (www.camping-theresienhof.de). In Bad Griesbach ist der Campingplatz W. Hartl's Kur und Feriencamping (www.camping-bad-griesbach.de) gerne Gastgeber, und in Bad Füssing lockt der bestens ausgestattete Holmernhof: Am Tennisplatz 10, 94072 Bad Füssing, Tel. 08531/247 40, www.holmernhof.de, GPS 48°21'29"N, 13°18'24"E.

INFOS: Kur- und Gästeservice Bad Füssing, Rathausstr. 8, 94072 Bad Füssing, Tel. 08531/97 55 80, www.badfuessing.de, www.badbirnbach.de

TIPP: Einmal autonom mit dem Bus fahren – in Bad Birnbach ist es möglich! (www.badbirnbach.de)

45 MÜNCHEN

Südländisches Flair unter blau-weißem Himmel

Mit rund 1,5 Millionen Einwohnern ist München die drittgrößte Stadt Deutschlands. Die Landeshauptstadt liegt im Alpenvorland an der Isar und besticht durch einen fast südländischen Charme und das reichhaltige Kulturprogramm.

Der zentrale Marienplatz ist der beste Ausgangspunkt für einen Rundgang durch die Altstadt. Einheimische pendeln zwischen dem Viktualienmarkt und der Kaufingerstraße. Täglich um 11 Uhr (von Mai–Oktober auch um 12, 17 und 21 Uhr) wird es voll, dann blicken die Passanten hinauf zum Turm des neugotischen Neuen Rathauses und beobachten das Glocken- und Figurenspiel. Auf dem Platz steht die bereits 1638 aufgestellte Mariensäule, und nebenan befindet sich das Alte Rathaus (15. Jahrhundert) mit dem Spielzeugmuseum.

AUSGANGSPUNKT MARIENPLATZ

Nur wenige Schritte sind es vom Marienplatz zum bekannten Viktualienmarkt. Viele Marktstände bieten frische Waren an, und Statuen erinnern an große Münchener wie Karl Valentin oder Liesl Karlstadt. Ebenfalls nur wenige Gehminuten sind es zur bekannten Frauenkirche, die mit ihren beiden charakteristischen Türmen das Wahrzeichen der Stadt ist. Diese mächtige dreischiffige Backstein-Hallenkirche wurde 1488 vollendet. Über die Kaufingerstraße mit einem breiten Angebot an Geschäften und Passagen, vorbei an der sehenswerten St.-Michael-Kirche (1597), erreicht man das schlichte Karlstor. Zwischen dem monumentalen Justizpalast und dem Karlstor erstreckt sich der Karlsplatz. An dem Platz, der im Volksmund »Stachus« genannt wird, schießen Wasserfontänen in die Höhe. München ist reich an prachtvollen Plätzen, die davon zeugen, dass München seit jeher eine wohlhabende Residenz-

Der Olympiaturm wurde 1968 errichtet und hat eine Höhe von 291 Metern. Er prägt die Stadtsilhouette von München. Im Vergleich dazu wirkt das Hauptgebäude von BMW mit seinen vier Zylindern recht klein.

stadt war. Im Zeitalter von Barock und Rokoko entstanden viele sakrale und profane Bauwerke nach französischem und italienischem Vorbild. So steht der Besucher staunend auf dem Max-Joseph-Platz vor der prunkvollen Residenz, auf dem Odeonsplatz oder vor dem Maximilianeum, dem Bayerischen Landtag.

WELTBERÜHMTES OKTOBERFEST

»In München steht ein Hofbräuhaus ...« wird sicherlich jeder Besucher auf den Lippen haben, wenn er einen Brauhaus- oder Kneipenbesuch anstrebt. Aber nicht nur das bereits 1589 gegründete Hofbräuhaus versorgt die Gäste aus aller Welt mit Krügen voller Biergenuss, sondern insbesondere auf dem weltberühmten Oktoberfest tauchen die Gäste in ein kollektives Stimmungshoch ein. Wer es etwas ruhiger angehen lassen möchte, wird vielerorts fündig und erfreut sich in so manchem urigen Brauhaus oder idyllischen Biergarten an der Münchner Gastlichkeit. Gesellig sitzt man auch im Biergarten des Englischen Gartens und krönt einen schönen Spaziergang mit einer Brezel und einem erfrischenden Getränk.

VIELSEITIGE KULTURMETROPOLE

Das kulturelle Angebot ist riesig. Daher sollte man sich bereits vor der Reise über die Programme der vielen Schauspielhäuser und Konzerthallen informieren. Auch beim Museumsbesuch zeigt sich München von seiner besten Seite, etwa im Deutschen Museum mit seinen vielen technischen Exponaten.

Der Stellplatz an der Allianz-Arena liegt im Norden von München (oben). Die beiden Türme der Frauenkirche sind rund 100 Meter hoch (rechts). Das berühmte Glockenspiel zieht tagtäglich zahlreiche Zuschauer an (unten).

INFOS & ADRESSEN

STELLPLATZ: Der Stellplatz an der Allianz-Arena im Norden der Stadt ist einzigartig. Hier darf man allerdings nur stehen, wenn keine Veranstaltungen stattfinden. Vom ebenen Stellplatz sind es nur wenige Schritte zur »FC Bayern Erlebniswelt« und rund 800 Meter zur U-Bahn-Station: Werner-Heisenberg-Allee 25, 80939 München, Tel. 089/200 50, www.allianz-arena.com, GPS 48°13'17"N, 11°37'27"E.

CAMPINGPLATZ: Einige Campingplätze befinden sich rund um München, zum Beispiel in Obermenzing, Moosach oder Thalkirchen. »Camping München-Thalkirchen« befindet sich rund vier Kilometer südlich des Zentrums am westlichen Ufer der Isar in der Nähe des Tierparks Hellabrunn: Zentralländstr. 49, 81379 München-Thalkirchen, Tel. 089/723 17 07, www.campingplatz-thalkirchen.de, GPS 48°05'32"N, 11°32'40"E.

INFOS: Touristeninformation im Rathaus, Marienplatz 8, 80331 München, Tel. 089/23 39 65 00, www.muenchen.de

TIPP: Nicht nur für Autoliebhaber ist das BMW-Museum ein Muss! Danach bietet sich ein Spaziergang durch den benachbarten Olympiapark an (www.bmw-welt.com).

Mit 2713 Metern ist der Watzmann nach der Zugspitze der zweithöchste Berg Deutschlands.

46 BERCHTESGADENER LAND

Paradies für Wintercamper

Das Berchtesgadener Land erstreckt sich in der südöstlichen Ecke Deutschlands. Umgeben von hohen Bergen wird sich der Reisemobilist in diesem südöstlichen Zipfel Bayerns auf Anhieb wohlfühlen. Der Königssee und der Watzmann sind die landschaftlichen Aushängeschilder. Gleich mehrere gute Wintercampingplätze und beste Wintersportmöglichkeiten bieten sich an. Orte wie das berühmte Ramsau und das interessante Bad Reichenhall begeistern auch in Weiß.

Es ist die gute Kombination aus klarer Luft, atemberaubender Natur, freundlichen Städten, dem guten Angebot an Wintersportaktivitäten und schließlich den komfortablen Campingplätzen, die den Reisemobilisten aufhorchen lässt. Erst einmal angekommen freut man sich nach der passiven Zeit hinter dem Steuer auf eine aktive Erkundung der vielseitigen Urlaubsregion. Sollte die Anreise etwas länger ausgefallen sein und wünscht man sich eine intensive Erholung, sollte man das nette Städtchen Bad Reichenhall ansteuern und auch seinem Reisemobil eine Pause gönnen. So parkt man auf dem Stellplatz neben der RupertusTherme und taucht wenig später in das warme und erholsame Wasser der Therme ein. Einfach herrlich!

GUTES WINTERSPORTANGEBOT

Das Berchtesgadener Land ist ein Wintersportparadies. Wer es zunächst gemütlich mag, wird sich über ein Netz geräumter Winterwanderwege freuen, das rund 200 Kilometer umfasst. Darüber hinaus bieten sich Schneeschuhwanderungen, Skilanglauf, Skiabfahrten, Snowtube-Fahrten, Eisstockschießen, Eislauf und Rodeln an. Gerade beim Rodeln zeigt sich das Berchtesgadener Land von seiner erfolgreichsten Seite, denn hier ist die Rennrodel-Legende Georg Hackl zu Hause. In Königssee finden auf der Kunsteisbahn zahlreiche Bob-, Rodel- und Skeletonwettbewerbe statt. Hier kann man hautnah die waghalsigen Eissportler beobachten, die mit einer

Geschwindigkeit von bis zu 130 km/h durch die 1200 Meter lange Eisrinne zischen. Wer selbst in der weißen Winterlandschaft einen Geschwindigkeitsrausch erleben möchte, wird in einem der fünf Skigebiete die Skier gerne unterschnallen. Die längsten Abfahrten bietet hierbei das Skigebiet Jenner-Königssee. Für Skilangläufer stehen rund 100 Loipenkilometer bereit. Einen sportlichen Tag kann man am besten im Solebad oder in der Sauna ausklingen lassen. Gute Adressen sind hierbei die Watzmann Therme in Berchtesgaden und die erwähnte RupertusTherme in Bad Reichenhall. Wer Erholung mit Aktivität und Naturerlebnis kombinieren möchte, sollte sich festes Schuhwerk anziehen und eine Wanderung im Nationalpark unternehmen.

ERLEBNISSE IM NATIONALPARK BERCHTESGADEN

Erst im Jahr 1978 wurde der Nationalpark Berchtesgaden eingerichtet und somit der Raum rund um Watzmann und Königssee unter Naturschutz gestellt. Er ist der einzige alpine Nationalpark Deutschlands und eine Winterwanderung ein einmaliges Erlebnis. Auf einer Fläche von rund 210 Quadratkilometern stößt man auf zugefrorene Seen, erstarrte Gebirgsbäche, verschneite Wälder und weiße Auen sowie eine schroffe Gebirgswelt. In dieser rauen Bergwelt ist auch der Blaueisgletscher, der nördlichste Gletscher der Alpen, zu finden. Einige Wanderwege sind geräumt. Auf jeden Fall sollte man durch das Klausbachtal wandern. Bei der Nationalpark-Infostelle erfährt man viel über die Flora und Fauna mit den besonderen Vertretern wie der Gämse, dem Steinbock, dem Murmeltier und dem stattlichen Steinadler. An dem Wildfütterungsplatz, den man gut zu Fuß oder mit einem Pferdeschlitten erreichen kann, wird im Winter aufgrund der Nahrungsknappheit das Rotwild gefüttert. Die Fütterung kann man von einer neuen Aussichtsterrasse gut beobachten, danach steht der Ranger gerne zu einem Gespräch bereit. Wie der Nationalpark, so zeigt sich auch der bekannte Königssee im Winter von seiner interessanten Seite.

Das Klausbachhaus im Nationalpark Berchtesgaden zeigt eine Sammlung zum Thema Almweiden (inks). Im Klausbachtal kann man Wildtierfütterungen beobachten (rechts).

Im Berchtesgadener Land ist man auch im Winter gut mit dem Reisemobil unterwegs. Dann fährt man sicherlich auch durch das Dorf Ramsau (links), das bekannt für seine Pfarrkirche ist (rechts).

BERÜHMTER KÖNIGSSEE

Während im Sommer die Touristen in Scharen zum malerischen Königssee pilgern, hält sich der Andrang im Winter in Grenzen. Ist der See nicht zugefroren, sollte man die Gelegenheit nutzen und einen Ausflug mit dem Elektroboot unternehmen. Über den lang gezogenen, smaragdgrünen See geht es dann zur Halbinsel St. Bartholomä mit der berühmten gleichnamigen Wallfahrtskirche. Auf dem Weg dorthin wird eindrucksvoll das Echo mit der Trompete demonstriert. Der einzige fjordartige See Mitteleuropas wurde während der Eiszeit von einem mächtigen Gletscher ausgehobelt. Die Eiszeit hat eine spektakuläre Landschaft geschaffen. Abseits der touristischen Pfade, auf verschneitem Grund, wirkt alles unwirtlich und ursprünglich.

Ein ebenfalls grandioser See ist der Hintersee. Der benachbarte Zauberwald macht gerade tief verschneit seinem Namen alle Ehre. Vom Berg Jenner bietet sich ein grandioser Ausblick. Mit der gemütlichen Zweiergondel geht es hinauf auf den Berg. Aus einer Höhe von 1802 Metern ist der spektakuläre Ausblick auf den Königssee, den Nationalpark und den Watzmann, den mit 2713 Metern zweithöchsten Berg Deutschlands, einfach unvergleichlich.

RAMSAU UND BAD REICHENHALL

Im Dorf Ramsau herrscht zu jeder Jahreszeit Postkarten-Idylle. So bieten der Gebirgsbach und die Pfarrkirche vor den verschneiten Reiteralpen den wohl schönsten Anblick. Ein Bild, das stets um die Welt geht und tausendfach auf der digitalen Kamera festgehalten wird. Aber auch andere kleine Orte wie Bischofswiesen, Marktschellenberg und Schönau bieten sich zu einer Stippvisite an. Inmitten der reizvollen Landschaft präsentieren sich einige nette Städte und nur wenige Kilometer sind es über die Grenze zur weltberühmten Mozartstadt Salzburg, die der Reisemobilist auf jeden Fall in das Reiseprogramm einbauen sollte.

Im Norden des Berchtesgadener Landes erstreckt sich die Stadt Bad Reichenhall, die aufgrund ihrer traditionsreichen Salzförderung zu den bekannten Städten gehört. In der schönen Altstadt fühlt sich der

Gast auf Anhieb wohl und kann in der Alten Saline viel über die Salzförderung erfahren. Immerhin sprudeln hier viele Solequellen, und seit mehr als 2000 Jahren wird das Salz, das »weiße Gold«, gewonnen. Der Salzgehalt liegt bei beachtlichen 27 Prozent. Rasch entwickelte sich Bad Reichenhall zu einem beliebten Kurort mit netten Geschäften, Theater, Casino und den Kuranlagen. Natürlich kann der Besucher auch noch etwas für seine Gesundheit tun, denn in dem Gradierwerk läuft die Sole über die Reisigzweige und die Atemluft wird mit Salz angereichert. Nicht nur in Bad Reichenhall, sondern auch in Berchtesgaden läuft der Kurbetrieb auf vollen Touren.

LEBENDIGES BERCHTESGADEN

Wie Bad Reichenhall, so verdankt auch Berchtesgaden seine Entwicklung dem Salzvorkommen. Bereits im Jahr 1517 wurde das Salzwerk am Petersberg in Betrieb genommen. Im Mittelalter hatte die Stadt ihre Blütezeit und entwickelte sich zu einer wohlhabenden Stadt. Auf einem Spaziergang durch die erhabene, schöne Altstadt passiert man viele historische Bauwerke wie die Stiftskirche und das angrenzende Kloster, das Schloss und die herrlichen Häuser am Markplatz. Am Marktbrunnen im Zentrum des Platzes schlägt das Herz der Stadt, hier treffen sich die Menschen zum Plausch. Das im Jahr 1594 erbaute Hirschenhaus bietet eine witzige Lüftlmalerei. Hier werden Menschen respektlos als Affen dargestellt. Im Kur- und Kongresshaus finden zahlreiche Veranstaltungen statt und benachbart steht die schöne Franziskanerkirche. Weitere touristische Attraktionen sind die Enzianbrennerei Grassl und das Salzbergwerk Berchtesgaden.

Auf dem malerischen Königsee werden auch im Winter Fahrten mit dem Ausflugsschiff angeboten (oben). Die Berchtesgadener Ache fließt durch das Dorf Marktschellenberg (unten). Eine gute Unterkunft stellt der Campingplatz Allweglehen in der Nähe von Berchtesgaden dar (rechts).

INFOS & ADRESSEN

STELLPLATZ: Ein Stellplatz befindet sich in Bischofswiesen an der Gotschen-Alm, ein weiterer in Bad Reichenhall. Hier steht das Reisemobil auf ebenen Schotterplätzen in der Nähe der RupertusTherme: Hammerschmiedweg, 83435 Bad Reichenhall, Tel. 08651/76220, www.rupertustherme.de, GPS 47°44'5"N, 12°52'32"E.

CAMPINGPLATZ: Gleich fünf Campingplätze sind das ganze Jahr geöffnet. Sie befinden sich in Schönau am Königssee (2), Ramsau und Bischofswiesen. Wenige Kilometer nördlich von Berchtesgaden liegt »Familien-Camping Allweglehen«. Von hier hat der Gast einen Blick auf den Watzmann. Zur guten Ausstattung gehört unter anderem ein kleiner, eigener Lift und ein modernes Sanitärgebäude: Allweggasse 4, 83471 Berchtesgaden, Tel. 08652/2396, www.allweglehen.de, GPS 47°38'50"N, 13°02'24"E.

INFOS: Berchtesgadener Land Tourismus GmbH, Maximilianstr. 9, 83471 Berchtesgaden, Tel. 08652/6565050, www.berchtesgadener-land.com

TIPP: Ein Besuch der Alten Saline in Bad Reichenhall ist sehr lehrreich. Bei einer Führung geht es durch historische unterirdische Gänge zu den Salzquellen (www.alte-saline.de).

47 RUHPOLDING

Winterspaß in den Chiemgauer Alpen

Das freundliche oberbayerische Ruhpolding blickt auf eine lange Geschichte im Fremdenverkehr zurück. Reisemobilisten finden im weiten Tal der Weißen Traun ein gutes Angebot an Aktivitäten vor. Auch im Winter lohnt sich der Besuch auf jeden Fall.

Der Kur- und Erholungsort Ruhpolding erstreckt sich auf einer Höhe von rund 700 Metern. Über Jahrhunderte war die Forstwirtschaft eine wichtige Einnahmequelle. Zum Wachstum der Gemeinde trug auch der Bergbau an Rauschberg und Unternberg im 16. und 17. Jahrhundert bei. Das touristische Angebot ist im Sommer wie im Winter sehr gut. Da Ruhpolding zu den deutschen Orten mit den höchsten Niederschlagsmengen gehört, muss sich der Reisemobilist im Winter über fehlenden Schnee keine Gedanken machen.

HEIMAT BEKANNTER WINTERSPORTLER

Das Angebot an Wintersportaktivitäten rund um Ruhpolding ist bestens. 1978 wurde die Eissporthalle errichtet und das Biathlon-Leistungszentrum eingerichtet. Ein Jahr später wurde bereits die Biathlon-Weltmeisterschaft in Ruhpolding durchgeführt. Seitdem kommen immer wieder namhafte Biathleten zu nationalen und internationalen Wettbewerben. Wer alpinen Skisport bevorzugt, wird an den Skigebieten Unternberg, Rauschberg und dem benachbarten Skigebiet Winklmoosalm-Steinplatte Gefallen finden. Für Skilangläufer stehen viele Loipen bereit, zu denen auch die 40 Kilometer lange Chiemgau-Marathonloipe gehört. Wer es ruhiger angehen lassen möchte, wird sich über die geräumten Winterwanderwege freuen. Wie wäre es mit einer Wanderung durch das Naturschutzgebiet »Drei Seen« zwischen Ruhpolding und Reit im Winkl? Ruhpolding ist auch

Der Campingplatz Ortnerhof in Ruhpolding hat ganzjährig geöffnet.

die Heimat vieler bekannter Wintersportler, zu denen auch der Skispringer Andreas Wellinger gehört. Schaut man einige Jahre zurück, so blickt man auf Erfolge von dem Skilangläufer Herbert Steinbeißer, dem Skirennläufer Sepp Ferstl und den Biathleten Herbert Fritzenwenger und Ernst Reiter.

WAS GIBT ES ZU SEHEN?

Das Aushängeschild von Ruhpolding ist die Pfarrkirche St. Georg, die auf einem Hügel oberhalb des Ortes steht. Sie gehört zu den schönsten Dorfkirchen in Oberbayern, wurde 1757 fertiggestellt und trägt die Handschrift des Münchner Hofbaumeisters Johann Gunetzrhainer. Zum wertvollen Inventar gehört die »Ruhpoldinger Madonna«, die um 1230 erschaffen wurde. Ebenfalls sehenswert ist das Bartolomäus-Schmucker-Museum, das in dem 1587 erbauten Jagdschloss untergebracht ist und unter anderem Volkskunst aus dem Alpenraum zeigt. Lohnenswert ist auch ein Besuch im Museum für bäuerliche und sakrale Kunst. Motorradfreunde werden Gefallen an dem Schnauferlstall haben. Hier können Motorräder aus den Jahren 1924–1960 bestaunt werden. Wer sich über die einst wichtige Forstwirtschaft informieren möchte, sollte dem Holzknechtmuseum in Ruhpolding-Laubau einen Besuch abstatten. Für Spaß und Entspannung sorgt das Erlebnis- und Wellnessbad Vita Alpina mit seinen Außen- und Innenbecken sowie der Saunalandschaft. Unbedingt sollte man bei der »Windbeutelgräfin« einkehren und sich einen riesigen, schmackhaften Windbeutel servieren lassen.

Rund um Ruhpolding verlaufen Loipen und Winterwanderwege (links). Im Ort selbst ist die Kirche St. Georg sehenswert (oben rechts). Am Fuße des Westernbergs verköstigt die Alm Leita Stum hungrige Gäste (unten rechts).

INFOS & ADRESSEN

STELLPLATZ: Vor dem Campingplatz Ortnerhof steht ein Stellplatz zur Verfügung (siehe Campingplatz).

CAMPINGPLATZ: Der Vier-Sterne-Campingplatz Ortnerhof liegt südlich des Zentrums von Ruhpolding. Hier stehen ebene Stellplätze bereit. Wer hier eincheckt, erhält auch die Gästekarte, die viele freie Einritte und Ermäßigungen umfasst. Während des Biathlon-Weltcups in Ruhpolding steht der Campingplatz nicht für Kurzcamper zur Verfügung (Mindestaufenthalt: vier Tage): Ort 5, 83324 Ruhpolding, Tel. 08663/1764, www.camping-ruhpolding.de, GPS 47°44‘33“N, 12°39‘48“E.

INFOS: Tourist-Info Ruhpolding, Bahnhofstr. 8, 83324 Ruhpolding, Tel. 08663/88060, www.ruhpolding.de

TIPP: Lohnenswert ist ein Ausflaug zum rund acht Kilometer enfernten Ort Inzell. Hier befinden sich unter anderem das Eisschnelllaufzentrum, die Pfarrkirche St. Michael von 1727 und ein Gletschergarten mit eiszeitlichen Gletschermühlen. Mit »Camping Lindlbauer« steht ein ausgezeichneter Campingplatz bereit (www.camping-inzell.de).

Zu den vielen reizvollen Städten im Allgäu gehört auch Nesselwang, das im Winter einen Stellplatz direkt an der Piste bietet.

48 ALLGÄU

Malerisches Alpenvorland

Im gastfreundlichen Allgäu schlägt das Herz des Reisemobilisten höher, denn mit seinem treuen Gefährt ist er in einer idyllischen Landschaft unterwegs und übernachtet am Rande reizvoller Städte. Unvergessen werden die Besuche in den prunkvollen Klöstern und Kirchen sein. Darüber hinaus lohnen sich Wanderungen, Spaziergänge und Ausflüge mit dem Fahrrad. Wer Entspannung sucht, wird sich über das gute Wellnessangebot freuen.

Das Allgäu ist zu jeder Jahreszeit ein hervorragendes Reiseziel. Es gehört zu den schönsten Ferienregionen in Süddeutschland und liegt in den Bundesländern Bayern und Baden-Württemberg. Es erstreckt sich zwischen dem östlichen Teil des Bodensees und dem Fluss Lech im Osten, den Allgäuer Alpen im Süden und den ausgedehnten Wäldern und Hochmoorgebieten im Norden. Diese insbesondere für Reisemobilisten lohnenswerte Ferienregion hat im »Kulturraum und Naturraum« gleichermaßen viel zu bieten und ist reich an Traditionen und makellosen Städten. Zu den vielen Traditionen gehört der alljährliche Almabtrieb (September), bei dem die geschmückten Rinder von den höher gelegenen Weideflächen zu den Ställen in den Tälern gebracht werden. Zu den Aushängeschildern des Allgäus gehören auch die vielen prunkvollen Kirchen und stolzen Klosteranlagen.

EINLADENDE STÄDTE

Nahezu jedes attraktive Städtchen verfügt über einen Stellplatz, sodass es beim angestrebten Stadtbesuch weder Parkplatzprobleme noch Probleme bei der Suche nach einem geeigneten Übernachtungsplatz gibt. Von dort sind es nur wenige Schritte in das jeweilige Städtchen. Auf der langen Liste der malerischen Orte sollte auf jeden Fall Kempten stehen. Kempten liegt im Herzen der Region und wird auch als die »Hauptstadt des Allgäus« bezeichnet. Die Geschichte geht bis in die Römerzeit zurück. Über das einstige »Cambodunum« kann man sich im interessanten Archäologischen Park informieren. Natürlich gibt es auch eine lebendige Altstadt mit verkehrsberuhigter Fußgängerzone. Hier reihen sich nette Geschäfte und einladende Gastronomie aneinander. Gut speisen kann der Gast auch rund um den Rathausplatz. Hier erhebt sich das weiße Rathaus aus dem 14. Jahrhundert. Ein weiteres beachtliches Bauwerk ist die ehemalige Residenz mit ihren Rokoko-Prunkräumen.

Zu den weiteren tollen Städten gehören unter anderem Memmingen, Kaufbeuren, Wangen, Isny und natürlich Füssen (siehe S. 158). Die Altstadt von Memmingen ist teilweise noch von einer schützenden Mauer umgeben. Hier steht das Wohnmobil vor der Stadtmauer. Von dort erreicht man nach einem kurzen Spaziergang den stattlichen Marktplatz. Hier schlägt das Herz der Stadt. Rund um das stolze Rathaus freuen sich die Gäste über einen Platz in einem der Straßencafés. Auch in Wangen markiert das Rathaus den Mittelpunkt der Stadt, es ist umgeben von vielen prächtigen Bauwerken. Weitere Stopps sollte man in dem Bilderbuchdorf Wolfegg, in dem Städtchen Mindelheim oder dem Wintersportort Oberstdorf einlegen. Bei den Stadtbesuchen sollte man die vielen sakralen Bauwerke besichtigen, die durch ihre prunkvolle Ausstattung und das wertvolle Inventar bekannt sind.

PRUNKVOLLE KLÖSTER UND KIRCHEN

In den vielen Kirchen und Klöstern herrscht oft Sprachlosigkeit. Die Gäste, die durch die schweren Türen die Gotteshäuser betreten, werden regelrecht von dem Prunk erschlagen. Der Blick durch die makellosen Kirchen begeistert! Kunstvolle Wand- und Deckengemälde und filigrane Stuckarbeiten sowie die prachtvollen Altäre zeugen von der Gläubigkeit der Menschen. An ihren markanten Zwiebeltürmen sind die Gotteshäuser schon von weither zu erkennen. Zu den größten Barockbasiliken des Landes ge-

Ein beachtliches sakrales Bauwerk ist die Kirche St. Lorenz in Kempten (links). Ein häufiges Bild im Allgäu sind Kühe auf einer grünen Weide (rechts).

hört die Basilika von Weingarten, was ihr den Beinamen »Schwäbischer Petersdom« eingebracht hat. Sie liegt an der Oberschwäbischen Barockstraße und wurde zwischen 1715 und 1724 errichtet. Im Inneren steht die berühmte Orgel mit immerhin 6890 Pfeifen.

Ebenfalls gut besucht sind die einzigartigen Orgelkonzerte in der Basilika von Ottobeuren. Sie wurde im Barockstil Mitte des 18. Jahrhunderts errichtet. Im Inneren ist sie reich an filigranem Prunk in den Farben Gold und Weiß. Die berühmte Chororgel wurde 1766 gefertigt.

In Irsee sollte man die Klosterkirche Mariä Himmelfahrt des ehemaligen Benediktinerklosters unter die Lupe nehmen. Die beeindruckende Schiffskanzel und weißer Stuck prägen das Innenleben der Kirche. Nach dem Kirchenbesuch sollte man in der benachbarten Klosterbrauerei eine Pause einlegen. Wer sich weiter den sehenswerten Gotteshäusern widmen möchte, besucht sicherlich die weiße Kirche St. Coloman in Schwangau oder die schöne Rokoko-Kirche St. Ulrich in Seeg.

Für wenige Kilometer sollte man dann auch das Allgäu verlassen und nach Steingaden fahren. In der Nähe, im Ortsteil Wies im sogenannten bayerischen Pfaffenwinkel, befindet sich die prachtvolle »Wallfahrtskirche in der Wies«. Sie wurde zwischen den Jahren 1745 und 1754 im Rokokostil errichtet und beeindruckt unter anderem durch imposante Kuppelfresken. 1983 wurde das Gotteshaus in die UNESCO-Weltkulturerbe-Liste aufgenommen.

FERIENSTRAßEN DURCH HERRLICHE LANDSCHAFT

Der Reisemobilist kann auf unterschiedlichen Themenstraßen die Vielseitigkeit der Landschaft im wahrsten Sinne des Wortes erfahren. So blickt er von der deutschen Alpenstraße über die Weiden und Blumenwiesen zu den schneebedeckten Bergen der Alpen. Reizvolle Momente bieten die Oberschwäbische Barockstraße, die Schwäbische Bäderstraße oder die Romantische Straße, die Würzburg mit Füssen verbindet. Vielfach präsentiert sich das Allgäu wie im Bilderbuch: Kühe weiden auf sattgrünen Wiesen vor einer grandiosen Bergkulisse. Berge strecken sich bis zu 2657 Meter hoch in den klaren, weiß-blauen Himmel. Die Viehwirtschaft ist die Grundlage der Milch-

Sehenswert sind unter anderem das Benediktinerkloster in Ottobeuren (links) und das Rathaus von Kaufbeuren (rechts).

produktion, die dann zu einem wichtigen Gut verwandelt wird. So ist das Allgäu der wichtigste Käseproduzent in Deutschland. In Lindenberg steht eine der größten Käsereien des Landes. Ein weiteres wirtschaftliches Standbein ist der Tourismus. Neben der malerischen Landschaft und den grandiosen Städten spielen die Aktivitäten sowie das gute Wellnessangebot im Fremdenverkehr eine große Rolle.

WANDERN, WELLNESS UND WINTERSPORT

Nicht vergessen sollte der Reisemobilist seine Wanderschuhe, denn im Allgäu kann man die Region bestens auf Schusters Rappen entdecken. So lohnen sich Wanderungen zum Beispiel durch die Allgäuer Alpen, eine fantastische Hochgebirgslandschaft. Wie wäre es mit einer Wanderung zur Schlucht des Eistobels oder durch die bekannte Schlucht Breitachklamm, die tiefste Felsenschlucht der Alpen?

Dank der ganzjährig geöffneten Stellplätze und einiger Wintercampingplätze lohnt sich auch ein Aufenthalt im Winter. Dann kann der Reisemobilist nach Herzenslust die Pisten abfahren, rodeln, auf gespurten Loipen oder auf geräumten Winterwanderwegen die weiße Landschaft entdecken. Nach den sportlichen Aktivitäten sollte man sich der deftigen Küche widmen. Vielfach werden Braten mit Sauerkraut und Spätzle oder mit Knödeln serviert.

Den schönen Reisetag kann man bestens in einer erholsamen Therme ausklingen lassen, ewa in der Therme von Bad Wörishofen, die direkt nebenan einen Stellplatz bietet. Das nette Städtchen hat sich dank Pfarrer Sebastian Kneipp zu einem weltweit anerkannten Kurbad entwickelt. Einen Besuch wert ist das Kneippmuseum im Kloster der Dominikanerinnen.

Das Rathaus von Kempten liegt mitten in der Altstadt (rechts). Tausende Zuschauer kommen zur Vierschanzentournee nach Oberstdorf (oben). Direkt an den Sport- und Freizeitanlagen Ottobeurens gelegen, ist der Wohnmobilstellplatz auch für Sportler ideal (unten).

INFOS & ADRESSEN

STELLPLATZ: Im Allgäu stehen viele Stellplätze bereit. Fast jeder attraktive Ort verfügt über einen Stellplatz, so auch Memmingen. Der Stellplatz »Stadtpark Neue Welt« bietet ebene Stellplätze in grüner Umgebung: Colmarer Straße, 87700 Memmingen, Tel. 08331/85 01 72, www.memmingen.de, GPS 47°59‘44“N, 10°10‘57“E.

CAMPINGPLATZ: Auch die Zahl der Campingplätze ist hoch. Zu den vielen empfehlenswerten Campingplätzen gehört »Via Claudia Camping«, der auch über einen angegliederten Stellplatz verfügt: Via Claudia 6, 86983 Lechbruck am See, Tel. 08862/84 26, www.via-claudia-camping.de, GPS 47°42‘57“N, 10°49‘18“E.

INFOS: Allgäu Marketing GmbH, Allgäuer Str. 1, 87435 Kempten, Tel. 08323/802 59 31, www.allgaeu.de

TIPP: In Oberstdorf sollte man die Skisprungschanzen der »Audi Arena Oberstdorf« besichtigen. Wer im Winter unterwegs ist, kann auch bei einem Wettbewerb die »deutschen Adler« bestaunen, wie sie durch die Luft fliegen. In Oberstdorf findet alljährlich das Auftaktspringen der Vierschanzentournee statt (www.audiarena.de). Die Arena verfügt auch über einen Hochseilgarten und ein Skimuseum.

49 FÜSSEN

Mittelalterliche Altstadt und Märchenschloss

Füssen gehört zu den schönsten Orten in Deutschland. Am Fuße der Allgäuer Alpen schlendert man am Fluss Lech durch eine romantische Altstadt. Wenige Kilometer außerhalb lockt das weltberühmten Schloss Neuschwanstein Touristen aus aller Herren Länder an.

Füssen erstreckt sich im Landkreis Ostallgäu und beheimatet rund 16 000 Menschen. Die Stadt gehört zu den ältesten Siedlungen im Alpenvorland und wurde bereits in der Römerzeit besiedelt. In Füssen führte die »Via Claudia Augusta«, ein wichtiger Verbindungsweg zwischen Italien und Deutschland, über den Fluss Lech. Dieser Handelsweg brachte der Stadt im Mittelalter den wirtschaftlichen Aufschwung ein.

IM HERZEN VON FÜSSEN

Mittelalterliche Bürgerhäuser, barocke Kirchen und alte Plätze bestimmen das Bild der Altstadt Füssens. Die schönste Straße der Altstadt ist die Reichenstraße mit ihren pittoresken Giebelhäusern, die in warmen Pastellfarben erstrahlen. Im Erdgeschoss haben Läden und Gastronomie Einzug gehalten. Weitere makellose Häuser aus Spätgotik und Barock findet man in der Brunnengasse. Über die verkehrsberuhigten Straßen erreicht man die Krippkirche mit dem beeindruckenden Hochaltar und das Hohe Schloss. Es thront auf einem Felsen am Lech, wurde Ende des 13. Jahrhunderts auf den Grundmauern eines spätrömischen Kastells errichtet und beherbergt ein Kunstmuseum. Nebenan lohnt sich ein Blick in die Stiftskirche St. Mang, die sich über der Grabstätte des heiligen Magnus befindet. Ältester Teil der Kirche ist die Krypta mit den ältesten Fresken Bayerns, die um 980 geschaffen wurden. An der Lechbrücke steht die barocke Spitalkirche (Mitte des 18. Jahrhunderts).

Wenige Kilometer von Füssen entfernt befindet sich das berühmte Schloss Neuschwanstein.

Über den Fluss Lech blickt man zum Kloster St. Mang (oben). Vom Stellplatz »Campers Stop« (unten) erreicht man zu Fuß oder mit dem Fahrrad die historische Altstadt (rechts).

AUSFLÜGE ZU DEN SEEN

Lohnenswert ist ein Ausflug zum Forggensee, einem Paradies für Wassersportler und Badegäste. Dieser 1954 aufgestaute See bietet gute Wassersportmöglichkeiten, außerdem kann man hier Schiffsausflüge unternehmen. Weitere idyllische Seen sind der Hopfensee, der Faulensee und der Weißensee.

AUSHÄNGESCHILD SCHLOSS NEUSCHWANSTEIN

Das Schloss Neuschwanstein bildet im wahrsten Sinne des Wortes den Höhepunkt der Reise, denn es steht erhaben inmitten eines Walds vor schroffen Bergen. Kein Geringerer als der legendäre König Ludwig II. (1845–1886) ließ dieses Märchenschloss errichten. Allerdings sah er sein Traumschloss nur als Baustelle. Die Schlossbesucher hingegen erleben ein in großen Teilen vollendetes, makelloses Schloss mit vielen Türmen, unzähligen Zinnen, Erkern und Fenstern. Ein Fußweg führt hinauf zum Schloss. Bevor man in der Schlange vor dem Eingang steht, um auf den Schlossrundgang zu warten, sollte man zur 90 Meter hohen, schwindelerregenden Marienbrücke spazieren. Hier wird es ruhiger, und von der Brücke hat man einen grandiosen Blick auf das prächtige Schloss und das Allgäu. Nach der Schlossbesichtigung empfiehlt sich ein Spaziergang zum Schloss Hohenschwangau, das etwa zwei Kilometer entfernt ist. Dieses in grellem Gelb leuchtende Schloss steht in der Nähe des herrlichen, blau-grünen Alpsees.

INFOS & ADRESSEN

STELLPLATZ: In Füssen stehen gleich drei benachbarte Stellplätze bereit. Gut ausgestattet ist der »Wohnmobilplatz Füssen – Camper's Stop« mit ebenen Schotterplätzen: Abt-Hafner-Str. 9, 87629 Füssen, Tel. 08362/94 01 04, www.wohnmobilplatz-fuessen.de, GPS 47°34'54"N, 10°42'07"E.

CAMPINGPLATZ: Im Umland von Füssen gibt es einige Campingplätze, zum Beispiel am Forggensee. Empfehlenswert ist der bestens ausgestattete Campingplatz »Camping Hopfensee«. Er befindet sich in Hopfen am See nahe Füssen, direkt am See: Fischerbichl 17, 87629 Füssen, Tel. 08362/91 77 10, www.camping-hopfensee.de, GPS 47°36'7"N, 10°40'59"E.

INFOS: Füssen Tourismus und Marketing, Kaiser-Maximilian-Platz 1, 87629 Füssen, Tel. 08362/938 50, www.fuessen.de

TIPP: Genießen Sie den Ausblick vom Tegelberg! Mit der Seilbahn geht es hinauf auf den 1881 Meter hohen Tegelberg, einen Berg der Ammergauer Alpen. Er bietet einen grandiosen Blick auf das Alpenvorland und das Märchenschloss Neuschwanstein (www.tegelbergbahn.de).

50 ZUGSPITZ REGION

Im Schatten der Zugspitze

Der Tourismusverband bezeichnet seine Urlaubsdestination schlagkräftig mit dem Motto »Zugspitz Region – wo Urlaub spitze ist«. Damit ist nicht nur der höchste deutsche Berg gemeint, sondern auch Garmisch-Partenkirchen und Mittenwald.

Immerhin 2962 Meter streckt sich die Zugspitze in die Höhe und lockt als massiver Superlativ viele Besucher an. Nicht nur der Berg sollte auf dem Programm stehen, sondern auch die schmucken Orte und die herrliche Gebirgs- und Vorgebirgslandschaft. Zur Touristenregion »Zugspitz Region« haben sich die bayerischen Urlaubsregionen Ammergauer Alpen, Alpenwelt Karwendel, »Das Blaue Band« und das Zugspitzland zusammengeschlossen. Hier werden immerhin alljährlich rund eine Million Gäste begrüßt. Gern gesehen sind auch die Reisemobilisten, das Angebot an Camping- und Stellplätzen ist gut. Insbesondere Aktivurlauber kommen auf ihre Kosten. Das Angebot reicht von Wandern, Bergsteigen und Mountainbiken bis hin zu vielen Wintersportaktivitäten.

GARMISCH-PARTENKIRCHEN

Der bekannte heilklimatische Kurort erstreckt sich auf einer Höhe von 708 Metern und ist unter anderem wegen der guten Wintersportbedingungen bekannt. So war der Ort auch 1936 Austragungsort der Olympischen Winterspiele. Ganzjährig ist der Doppelort ein Ziel von zufriedenen Gästen, die in Garmisch gerne durch den Kurpark spazieren, dem 1730 erbauten Rokokobau der Neuen Pfarrkirche St. Martin einen Besuch abstatten oder sich in die Fluten des Alpspitz-Wellenbads in dem Olympia-Eissport-Zentrum werfen. Der Ortsteil Partenkirchen kann mit dem stattlichen Rathaus und dem Olympia-Skistadion aufwarten. Hier wird alljährlich das Neujahrsspringen ausgetragen.

Eine Fahrt durch die Zugspitz Region bietet fantastische Ausblicke.

Der bemalte Kirchturm der Pfarrkirche St. Peter und Paul gehört zu den Wahrzeichen Mittenwalds (links). Die Fassade des Hotels zum Rassen in Garmisch-Partenkirchen ist reich verziert (rechts).

KLANGVOLLES MITTENWALD

Mittenwald liegt im oberen Isartal nahe der deutsch-österreichischen Grenze und ist vom Karwendel- und Wettersteingebirge umgeben. Glücklicherweise bietet das Städtchen einen zentralen Stellplatz in der Albert-Schott-Straße, sodass man Mittenwald einen intensiven Besuch abstatten kann. Kaum ein Dorf in Deutschland präsentiert sich so gepflegt wie Mittenwald. Dazu tragen auch die vielen liebevoll bemalten Häuser am Ober- und Untermarkt bei. In der Stadt lebten und arbeiteten die bekannten Lüftlmaler Franz Karner und Seraph Zwick. Auch nach rund 200 Jahren erstrahlen die Wandmalereien noch in vollen Farben. Einen Blick sollte man auf jeden Fall in die Kirche St. Peter und Paul aus dem 18. Jahrhundert werfen, die mit farbenfrohen Fresken von Matthäus Günther begeistern kann. Zu den Highlights gehört das Geigenbau-Museum. In dem ehemaligen Wohnhaus des berühmten Geigenbauers Matthias Klotz (1653–1743) kann man sich eingehend über die Geschichte des Geigenbaus und des Orts informieren.

HOCH HINAUF AUF DIE ZUGSPITZE

Seit Dezember 2017 kann man mit der topmodernen Seilbahn hinauf auf die Zugspitze fahren. Dies lohnt sich wirklich, denn der Blick aus einer Höhe von 2962 Metern ist einzigartig. Bei besten Bedingungen kann man bis zu 200 Kilometer weit schauen. Von der Talstation Eibsee bis zur Spitze überwindet die Bahn eine Höhe von beachtlichen 1945 Metern.

INFOS & ADRESSEN

STELLPLATZ: Stellplätze stehen unter anderem in Grainau, Krün und sehr zentral in Mittenwald zur Verfügung. In Garmisch-Partenkirchen bietet sich der »Reisemobilstellplatz Alpencamp am Wank« an: Wankbahnstr. 2, 82467 Garmisch-Partenkirchen, Tel. 08821/967 78 05, www.alpencamp-gap.de, GPS 47°30'17"N, 11°6'26"E.

CAMPINGPLATZ: Zu den besten Campingplätzen in der Region gehört das »Camping Resort Zugspitze«: Griesener-Str. 9, 82491 Grainau, Tel. 08821/943 91 15, www.perfect-camping.de, GPS 47°28'49"N, 11°03'15"E.

INFOS: Zugspitz Region GmbH, Burgstr. 15, 82467 Garmisch-Partenkirchen, Tel. 08821/75 15 61, www.zugspitz-region.de

TIPP: In Garmisch-Partenkirchen (Ortsteil Partenkirchen, Ludwigstr. 47) befindet sich das Werdenfels-Museum. Das Heimatmuseum ist in einem alten Kaufmannshaus aus dem 17. Jahrhundert untergebracht und erzählt durch Exponate wie Möbel, Trachten, Masken, Volkskunst und Alltagsgegenstände von dem Leben und der Geschichte der Region (www.werdenfels-museum.de).

REGISTER

Camping in Deutschland macht Spaß und sorgt für gute Laune. Dazu tragen auch die vielen guten Campingplätze bei. Im Bild: Ferien- und Campingpark Wisseler See am Niederrhein.

IMPRESSUM

Der Autor
Dr. Thomas Kliem, Jahrgang 1965, ist promovierter Freizeit- und Fremdenverkehrsgeograf. Er studierte Geografie und Sportwissenschaften. Als Reisejournalist arbeitet er für Verlage und Magazine. Das Reisen mit dem Reisemobil gehört zu seinen bevorzugten Reiseformen. Für den Bruckmann Verlag hat er Reisemobil-Führer zu den Ländern Deutschland, Norwegen, Schweden, Oberitalien, Skandinavien und Gesamtband Europa geschrieben. Darüber hinaus hat er das Reisemobil Logbuch entworfen. Für renommierte Firmen organisiert er Events rund um das Reisen mit dem Wohnmobil und hält landeskundliche Vorträge. Dr. Thomas Kliem (www.thomas-kliem.de) lebt in Kalkar am Niederrhein, ist Inhaber einer Bildagentur und betreibt die informative Website www.reisemobil-routen.de.

Verantwortlich: Claudia Hohdorf
Redaktion: Anne Köhler
Korrektorat: Christiane Gsänger
Layout: Elke Mader
Repro: LUDWIG:media
Umschlaggestaltung: Ralph Hellberg
Kartografie: Heidi Schmalfuß
Herstellung: Anna Katavic
Printed in Italy by Printer Trento

★★★★★

Sind Sie mit diesem Titel zufrieden? Dann würden wir uns über Ihre Weiterempfehlung freuen. Erzählen Sie es im Freundeskreis, berichten Sie Ihrem Buchhändler, oder bewerten Sie bei Onlinekauf. Und wenn Sie Kritik, Korrekturen oder Aktualisierungen haben, freuen wir uns über Ihre Nachricht an Bruckmann Verlag, Postfach 40 02 09, D-80702 München oder per E-Mail an lektorat@verlagshaus.de.

Unser komplettes Programm finden Sie unter

www.bruckmann.de

In diesem Buch wird aus Gründen der besseren Lesbarkeit das generische Maskulinum verwendet. Weibliche und anderweitige Geschlechteridentitäten werden dabei ausdrücklich mitgemeint, soweit es für die Aussage erforderlich ist.

Bildnachweis: Alle Bilder des Umschlags und des Innenteils stammen von Dr. Thomas Kliem.
Umschlagvorderseite: Am Strand von Wenningstedt auf Sylt (oben); Fahrt durch die Zugspitzregion (unten)
Umschlagrückseite: Unterwegs auf Rügen

Die Deutsche Nationalbibliothek verzeichnet diese Publikation in der Deutschen Nationalbibliografie; detaillierte bibliografische Daten sind im Internet über http://dnb.d-nb.de abrufbar.

2. aktualisierte Auflage

ISBN 978-3-7343-1572-5

Mönchengladbach
Düsseldorf
Remscheid
Lüdenscheid
Attendorn
Winterberg
Eschwege
Mühlhausen
Erkelenz
Neuss
Dormagen
Solingen
Lennestadt
Fritzlar
Bad Wildungen
Grevenbroich
Leverkusen
Gummersbach
Olpe
Frankenberg
Bergheim
Köln
Bergisch Gladbach
Overath
Wiehl
Kreuztal
Bebra
Bad Hersfeld
Eisenach
Jülich
Frechen
Schwalmstadt
Kerpen
Siegen
Stadtallendorf
Bad Salzungen
Aachen
Eschweiler
Düren
Troisdorf
Erftstadt
Siegburg
Marburg
Stolberg
Dillenburg
Alsfeld
Bonn
Herborn
Euskirchen
Mechernich
Giessen
Wetzlar
Meiningen
Bad Neuenahr-Ahrweiler
Fulda
Neuwied
Andernach
Koblenz
Limburg
Bad Nauheim
Mayen
Bad Ems
Friedberg
Schlüchtern
Bad Neustadt
Lahnstein
Büdingen
Bad Homburg
Prüm
Boppard
Gelnhausen
Bad Kissingen
Gerolstein
Oberursel
Bad Vilbel
Cochem
St. Goar
Taunusstein
Frankfurt (Main)
Hanau
Offenbach
Hammelburg
Manderscheid
Wiesbaden
Schweinfurt
Zell
Mainz
Rüsselsheim
Dreieich
Wittlich
Bingen
Werneck
Bitburg
Aschaffenburg
Lohr
Darmstadt
Bad Kreuznach
Oppenheim
Würzburg
Kirn
Trier
Idar-Oberstein
Alzey
Bensheim
Wertheim
Kitzingen
Konz
Worms
Miltenberg
Birkenfeld
Erbach
Ochsenfurt
Weinheim
Frankenthal
Mannheim
Merzig
St. Wendel
Ludwigshafen
Lebach
Kaiserslautern
Bad Dürkheim
Heidelberg
Mosbach
Bad Mergentheim
Neunkirchen
Rothenburg
Homburg
Neustadt
Saarlouis
Völklingen
St. Ingbert
Zweibrücken
Speyer
Wiesloch
Saarbrücken
Pirmasens
Bad Wimpfen
Landau
Heilbronn
Crailsheim
Schwäbisch Hall
Bad Bergzabern
Bruchsal
Bretten
Karlsruhe
Vaihingen
Backnang
Ellwangen
Ettlingen
Ludwigsburg
Rastatt
Pforzheim
Kornwestheim
Waiblingen
Aalen
Stuttgart
Gaggenau
Fellbach
Schorndorf
Schwäbisch Gmünd
Baden-Baden
Sindelfingen
Esslingen
Göppingen
Heidenheim
Bühl
Calw
Kirchheim
Böblingen
Geislingen
Achern
Nürtingen
Baiersbronn
Kehl
Tübingen
Offenburg
Nagold
Reutlingen
Bad Urach
Günzburg
Freudenstadt
Ulm
Blaubeuren
Neu-Ulm
Hechingen
Lahr
Balingen
Ehingen
Schramberg
Rottweil
Albstadt
Emmendingen
St. Georgen
Sigmaringen
Biberach
Villingen-Schwenningen
Breisach
Freiburg
Bad Dürrheim
Memmingen
Tuttlingen
Donaueschingen
Pfullendorf
Staufen
Stockach
Kaufbeuren
Singen
Überlingen
Ravensburg
Badenweiler
St. Blasien
Waldshut-Tiengen
Konstanz
Friedrichshafen
Kempten
Isny
Meersburg
Wangen
Lörrach
Bad Säckingen
Bodensee
Lindau
Immenstadt
Sonthofen
Oberstdorf
Rhein
Mosel
Lahn
Main
Neckar
Donau
25
27
28
29
32
33
34
35
36
37
38
39
48